성철스님
시봉이야기

1

성철스님 시봉이야기-1

원택 지음 | 1판 1쇄 인쇄/2001.12. 1. | 1판 24쇄발행/2002. 1. 15 | 발행처/김영사 | 발행인/박은주 | 등록번호
/제1-25호 | 등록일자/1979. 5. 17. | 서울특별시 종로구 가회동 17 우편번호 110-260 | 마케팅부 745-4823 (구내
101), 편집부(구내207), 팩시밀리 745-4826 | 저작권자 © 2001, 원택 | 이 책의 저작권은 저자에게 있습니다. 서
면에 의한 저자와 출판사의 허락없이 내용의 일부를 인용하거나 발췌하는 것을 금합니다. | COPYRIGHT ©
2001 by Won Taek All rights reserved including the rights of reproduction in whole or in part in any form.
Printed in KOREA | 값은 표지에 있습니다. | ISBN 89-349-0848-3 03810 | 좋은 독자가 좋은 책을 만듭니다. 김
영사는 독자 여러분의 의견에 항상 귀 기울이고 있습니다. | 독자의견 전화 : 741-1990 | 홈페이지 http :
/www.gimmyoung.com, e-메일 : gys@gimmyoung.com

본 성철스님'이라는 제목으로 시자기侍者記를 쓰자는 데 어렵사리
합의를 보고 연재를 시작하게 되었습니다. 그렇게 시작된 연재가
오병상 기자의 정리로 6개월 간이나 이어졌습니다. 그리고 그것이
인연이 되어 다시 김영사에서 출판하기에 이르렀습니다.

성철스님께서는 평소에 법문 끝이나 말씀 끝에 이런 말씀을 자주
하셨습니다.

"그림 속의 떡은 아무리 보아도 배부르지 않고, 그림 속의 사람은
아무리 불러도 대답이 없다."

옛날 중국 당나라의 고승인 황벽스님이 계시는 절에 재상 배휴
상공이 찾아오게 되었습니다. 벽에 그려져 있는 큰스님들의 화상을
둘러보다가 옆에 있는 스님에게 물었습니다.

"이 스님들은 지금 다 어디 갔습니까?"

그 스님이 대답을 못하고 쩔쩔매다가 황벽스님을 찾아가
자초지종을 말씀드리니, 황벽스님이 배상공에게 가서 다시 묻게
하였습니다.

"이 스님들은 지금 다 어디 갔습니까?"

그러자 황벽스님이 두말 않고 "배상공!"이라고 소리쳐 불렀습니다.
배상공이 얼떨결에 "예!" 하고 대답하니, 황벽스님이 "지금 어디에
있는가?" 하고 소리쳤고 그 끝에 배상공이 깨달은 바가 있었다고

합니다. 그 후 배상공은 평생을 황벽스님을 믿고 따랐습니다.

어줍잖은 시자가 성철스님을 모신 일화들을 주섬주섬 쌓기는 쌓아 보았습니다만 큰스님께 큰 누가 되지는 않을까 송구할 따름입니다. 어쩌면 이 글을 읽어 주시는 독자들께서도 그림 속의 떡만 보아서 얼마나 배가 부르실까, 공연한 시간 낭비가 되지는 않을지 두렵습니다.

이 책 속을 아무리 뒤져도 그 어디에서도 성철스님을 찾아뵐 수는 없을 것입니다. 그렇지만 이 책을 읽어 가시는 동안에 "아무개야! 지금 어디에 있는가?" 하고 부르는 황벽스님의 목소리를 들을 수만 있다면 저 또한 큰 기쁨이 아닐 수 없습니다. 성철스님을 보아도 보지 못하고, 만나도 만나지 못한 이의 잠꼬대를 용서해 주시길 바랍니다.

2001년 11월 소설절

원택 和南

자기를 바로 봅시다

자기를 바로 봅시다.
자기는 원래 구원되어 있습니다.
자기가 본래 부처입니다.
자기는 항상 행복과 영광에 넘쳐 있습니다. 극락과 천당은 꿈속의
잠꼬대입니다.
자기를 바로 봅시다.
자기는 시간과 공간을 초월하여 영원하고 무한합니다. 설사 허공이
무너지고 땅이 없어져도 자기는 항상 변함이 없습니다. 유형, 무형 할
것 없이 우주의 삼라만상이 모두 자기입니다. 그러므로 반짝이는 별,
춤추는 나비 등등이 모두 자기입니다.
(……)
자기를 바로 봅시다.
현대는 물질만능에 휘말리어 자기를 상실하고 있습니다. 자기는 큰
바다와 같고 물질은 거품과 같습니다. 바다를 봐야지 거품은 따라가지
않아야 합니다.
자기를 바로 봅시다.
부처님은 이 세상을 구원하러 오신 것이 아니요, 이 세상이 본래
구원되어 있음을 가르쳐 주려고 오셨습니다.
이렇듯 크나큰 진리 속에서 살고 있는 우리는 참으로 행복합니다.
다 함께 길이길이 축복합시다.

큰스님 법어, 1982

차 례

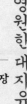

영원한 대자유인, 성철스님

3장

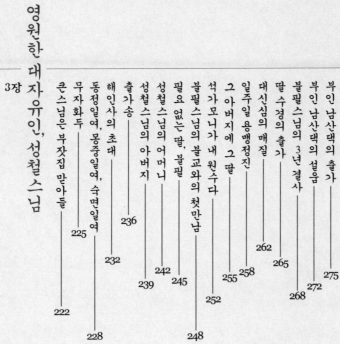

1장

우리 시대의 부처, 열반에 들다

성철스님이 40년
가까이 입은 누더기

"인제는 가야지. 내 할 일은 다 했다……."
큰스님은 스르르 눈을 감았다. 팔십 평생 걸치고 다니던 육신을 털기로 마음먹은 스님.
말릴 수도 돌이킬 수도 없는 순간이 다가오고 있었다. 창 밖에 빛이 환해질 무렵,
스님의 숨소리는 점점 가늘어져 갔다. 법랍 58세, 세수 82세.
갑자기 세상이 '큰 침묵' 속으로 빠져들었다.

열
반

가야산 단풍의 절정기는 10월 18~25일쯤이다. 그 시기가 지나면 붉고 노란 나뭇잎들은 나날이 낙엽으로 떨어져 뒹군다. 그런 뒤 나무는 앙상한 가지와 몸을, 본체를 드러내게 된다.

1993년 그해 가을도 그렇게 빨갛게 타올라가던 무렵 나의 스승 성철스님은 팔순을 넘긴 나이에도 불구하고 가야산 깊은 계곡 암자에서 비교적 건강하게 한철을 보내고 계셨다. 나는 별다른 걱정 없이 스님 봉양을 시자侍者(노스님을 뒷바라지하는 젊은 스님)들에게 맡기고 해인사 본찰에서 총무 소임으로 바쁜 나날을 보내고 있었다.

나무들이 잎을 모두 떨구고 새벽 찬바람이 겨울 한기를 느끼게 하던 11월 3일, 그날도 나는 해인사 장경각(대장경을 보관하는 건물)에 있던 경판 중 몇 판을 '책의 해' 행사 준비를 위해 서울로 옮기는 작업을 하고 있었다.

그때 성철스님이 급히 찾으신다는 전갈이 왔다. 그전에 날마다 뵈올 때 "이제는 건강이 좀 좋아진 듯하니, 자주 찾아오지 말고 내가 부르면 오너라" 하고 말씀하셨다. 그런데 그 성품에 갑자기 찾으신다는 소리를 들으니 불길한 마음이 언뜻 스치고 지나갔다.

그래도 설마 하는 생각에 '시자들이 스님 마음을 편치 않게 했나 보다'라는 짐작을 하고 암자로 올라갔다. 문안을 올리고 고개를 들자 청천벽력 같은 말씀이 들렸다.

"내 인제 갈란다. 너거 너무 괴롭히는 거 같애."

가슴이 철렁했다. 옛부터 선승禪僧들은 스스로 열반의 순간을 택한다고 한다. 스님의 말씀에 예전에 없던 결연함이 배어 있었다. 황망한 마음에 스님께 사정을 드렸다.

"시자들이 또 스님의 마음을 거슬렸나 봅니다. 부디 고정하시고 노여움을 푸시지요."

그렇다고 마음을 돌이킬 스님이 아니다. 낮은 목소리는 단호했다.

"아이다! 인제는 갈 때가 다 됐다. 내가 너무 오래 있었다."

불과 사흘 전 상좌 원융스님(현 해인총림 선원 유나)이 큰스님을 찾아왔다 들려준 얘기가 생각났다. 스승이 잠든 것을 보고 원융스님이 "스님, 이러한 때 스님의 경계는 어떠하십니까?" 하고 물으니, 깊이 잠든 것 같던 스님이 벌떡 일어나 난데없이 뺨을 한 대 힘껏 치더라는 것이다. 그 말을 듣고 '오래오래 계시려나 보다' 하고 한숨을 돌렸었는데, 이런 날벼락 같은 말씀을 들으니 갑자기 맥이 탁 풀리는 느낌이었다. 다시 한 번 엎드렸다.

"불교를 위해서나 해인사를 위해서나 좀 더 같이 계셔야 되지 않겠습니까?"

부질없는 짓이었다. 스님의 목소리는 더 느리고 더 단호해졌다.

"아이다. 인제는 가야지. 내 할 일은 다 했다……."

큰스님은 말을 마치자 스르르 눈을 감았다. 팔십 평생 걸치고 다니던 육신을 털기로 마음먹은 스님. 말릴 수도, 돌이킬 수도 없는 순간을 기다리는 무기력함을 실감해 보기는 난생처음이었다. 기나긴 침묵의 밤을 바스락거리는 낙엽 소리로 지샜다. 4일, 여명이 밝아 올 즈음 스님이 입을 여셨다.

"내 좀 일어나게 해봐라."

거구의 몸이 깃털처럼 가볍다. 일으켜 세워 내 가슴에 스님을 기대게 했다. 얼마나 시간이 흘렀을까. 창 밖에 빛이 환해질 무렵이었다.

"참선 잘 하그래이!"

그러고는 아무 말이 없었다. 스르르 고개를 가누시면서 숨소리도 가늘어져 갔다. 법랍 58세, 세수 82세. 갑자기 세상이 '큰 침묵' 속으로 빠져들었다.

스님은 떠나시면서 다음과 같은 열반송을 남기셨다.

涅槃頌

生平欺誑男女群하야 彌天罪業過須彌라
活陷阿鼻恨萬端인데 一輪吐紅掛碧山이로다

일생 동안 남녀의 무리를 속여서
하늘 넘치는 죄업은 수미산을 지나친다
산 채로 무간지옥에 떨어져서 그 한이 만 갈래나 되는데
둥근 한 수레바퀴 붉음을 내뿜으며 푸른 산에 걸렸도다.

연화대의 탄생

　장좌불와長坐不臥(밤에도 눕지 않고 앉아서 수행하는 것)를 오래 한 탓인가. 성철스님은 편안히 누워 입적하지 않고 앉아서 숨을 거두는 좌탈坐脫을 택했다. 하지만 보통 사람들이 누워 있는 것보다 훨씬 더 편안해 보였다.

　아침 7시, 마주 댄 어깨 사이로 조금씩 온기가 사라지는 느낌에 비로소 큰스님을 자리에 눕혔다. 밤새 마음으로 준비한 열반인지라 가슴속에 솟구치는 감정의 응어리는 없었다.

　선사들이 죽음을 맞이하는 방식은 여러 가지지만 남은 문도(제자)들이 그 주검을 거두는 과정은 한 가지다. 절집에선 '다비茶毘'라는 이름으로 화장을 한다. 다비란 말 자체가 태운다는 뜻의 범어를 소리를 따라 옮긴 말이다. 윤회를 믿기에 죽음이란 단지 육신이라는 옷을 바꿔 입는 데 불과하다. 또 육신은 그렇게 공空한 것이기에 깨끗이 태워 없애는 게 맞다는 교리이다.

　개인적으론 다비장에 처음 가본 것은 출가한 지 몇 년 안 되서였다. 거기서 입적한 스님의 다비하는 모습을 보게 되었다. 솔직히 '절집에서는 아직도 이렇게 원시적으로 화장하나?' 하는 것이 처음 받은 인상이었다. 당시의 연화대蓮花臺는 평상의 반 정도 되는 넓이로, 엉성하게 짜놓은 쇠틀 위에 관을 얹고, 쇠틀 밑에는 숯과 장작을 채우고 밖에는 2미터 길이의 참나무를 세워서 만든 형태였다. 쌓아놓은 나무가 흩어지지 않도록 철사 줄로 여러 군데 동여매기도 했다. 이렇게 만드는 데 걸리는 시간은 한 시간 30분 정도. 법구法柩가 도착해 위에 놓이면 장작을 쌓고 석유를 부어 불을 붙이면 화장이 시작된다.

그런 모습이 나에게는 충격적이었고 너무나 원시적으로 보였다. 그러나 절 집안의 연륜이 쌓이면서 이런 모습을 자주 보게 됨에 따라 나중에는 익숙해져 그것도 당연한 것처럼 여겨졌다.

어느 산중에 큰스님이 돌아가시면 종정스님을 대신해 조문 사절로 가는 경우가 많았다. 정확히 언제였는지는 모르겠지만 아마 초겨울이었던 것으로 기억된다. 날씨가 좀 쌀쌀했다. 어떤 큰스님의 다비식에 참석했는데 그 스님의 법구가 꽃상여로 꾸며져 다비장까지는 잘 모셔졌다. 그러나 다비장에 이르자 꽃상여는 벗겨지고 큰스님의 법구는 침대 모양의 돌 위에 올려졌다. 장작이 주변에 쌓였다. 다비 방식은 산중마다 전통이 약간씩 달랐는데, 그 사찰에서는 해인사와는 달리 긴 나무를 쓰지 않고 짤막한 장작을 사용했다. 나무가 짧은 만큼 쌓기가 쉽지 않아 보였다. 게다가 날씨까지 쌀쌀해 기다리는 사람들은 발을 동동 구르며 야단이었다. 일하는 사람들의 마음도 급해지기 시작했다.

그러더니 나중에는 일하는 사람들이 큰스님 법구 위에 올라가 나무를 발로 밟아 쌓기 시작하는 것이 아닌가. 그렇게 오랜 시간 힘들게 나무를 쌓아 연화대를 마련해 불을 붙이니 다비에 동참한 대중들은 추위에 지쳐 있었고, 일하는 사람들이 큰스님 법구 위에 올라가 발로 마구 밟는 모습은 영 좋아 보이질 않았다. 다비장의 그런 모습을 보면서 나도 모르게 고민하기 시작했다.

'우리 스님이 가시면 다비장을 어떻게 하는 것이 좋을까?'

큰스님들 다비식이 있을 때마다 개인적으로 눈여겨본 것은 다비 방식이었다. 그때마다 뇌리에서 떠나지 않은 것은 '어떻게 하면 법구에 결례를 끼치지 않고 사람들은 기다리지 않으면서 큰스님의 마지막 가는 길을 좀 더 여법如法(부처님의 가르침과 같다)하게 할 수 있을까?' 하는 것이었다. 그러던 나에게 새로운 힌트를 제공한 다비식이 있었다. 영암 큰스님의 다비식이었다.

노년에 봉은사에 머무시던 영암 큰스님(1907~1987)이 1987년 6월 3일 입적하자 봉선사 다비장에서 다비식이 거행될 예정이었다. 조문을 하고 주위를 둘러보니 다비 준비로 한창 분주했다. 같이 조문 갔던 자운 큰스님의 손상좌인 종성스님(현 해인사 홍제암 감원)에게 말했다.

"스님, 영암 큰스님 다비 준비가 굉장합니다. 내일이 출상일이라 하니 봉선사 다비장에 먼저 가봅시다. 거기에 가면 뭔가 배울 것이 있을 것 같습니다."

그러자 종성스님도 그렇게 하자고 했다.

봉선사 다비장에 같이 들렀더니 여러 다비장에서 느꼈던 문제점을 말끔히 해결한 다비 방식이 기다리고 있었다. 봉선사는 예로부터 나무가 아닌 짚으로 다비하는 곳으로 유명한데, 다비장에 가보니 화장장의 화구처럼 법구가 들어갈 만큼의 거푸집을 지어 놓고 있었다. 거푸집, 헛집을 지어 놓고 그 주위에 '새끼 두 타래에 숯 한 포' 하는 식으로 숯과 새끼를 차곡차곡 쌓아 놓아 언제든지 불을 붙일 수 있게 해 두었다.

법구가 도착되면 동참 대중들은 기다리지 않아도 되고 큰스님 법구를 발로 밟는 일도 생기지 않는 묘책이다 싶었다. 그리고 각목으로 다비장 위에 5층탑 모양을 만들어 남방가사 색깔인 오렌지색 천으로 둘러쳐 놓으니 정말 화려하고 장엄해 보였다. 나는 기뻐하며 종성스님에게 말했다.

"여기에 와보길 참 잘했습니다. 이제 다비장 문제가 다 해결된 것 같습니다."

그러자 종성스님도 "참말 그렇다"며 동의해 주었다.

봉선사 다비장에서 개인적으로 많은 것을 배웠고 거기서 배운 것이 나중에 아름다운 해인사 연화대 탄생의 밑거름이 되었다. 종성스님이나 나나 모두 어른 스님을 모시고 있으니 언젠가는 겪을 일에 대해 준비하고 염려해 두지 않으면 안 된다는 생각을 늘 가지고 있었던 것이다.

그 후 몇 년이 지난 1992년 2월 7일, 자운 큰스님이 열반에 드셨다. 당시는 마침 나와 종성스님이 해인사 소임을 보고 있던 때였다. 있는 정성을 다해 다비식을 준비하고 큰스님의 장례 기간을 7일장으로 결정했다.

추운 겨울이라 준비가 쉽지 않았다. 거푸집을 만들고 그 위에 화장목(화장할 때 사용하는 나무)을 쌓아 미리 다비대를 만들었다. 많은 사람들이 모인 앞에서 허연 관을 쇠틀 위에 올리고 두 시간 가까이 나무를 쌓아 올리는 방식을 없앤 것이다. 여러 사람들 앞에서 석유 기름을 붓는 일 역시 상상하기 싫은 일이었다.

종성스님은 봉선사 영암 큰스님 다비대처럼 5층탑을 만들지 않고 다비대 위에 나무를 쌓고 짚으로 둘러싼 뒤 그 위에 광목을 덮었다. 다비대를 돌 종 모양의 부도탑 형식으로 만든 것이다. 그 위에 연잎을 붙였다. 그것이 아마 우리나라 근현대 불교사에서 최초의 연꽃 모양의 다비대 즉 연화대였을 것이다. 그렇게 장엄하게 잘해 놓으니 연화대 주위가 환해지는 느낌이었다. 주변의 산만함이나 혼란함도 찾아보기 힘들었다. 그야말로 큰스님을 여법하게 보내 드리는 장엄한 축제를 준비하는 기분이었다.

당시는 몹시 추운 겨울이었다. 그래서 연화대 탄생을 모르는 참가 대중들은 단단한 옷차림으로 운구 행렬을 따라나서기 시작했다. 다비장에 도착한 대중들은 지금까지와는 다른 연화대를 보고 몹시 놀라는 기색이었다.

한겨울 큰 연꽃 속에 스님의 주검을 순식간에 감추고 불을 댕기자 문상 온 손님들은 "장엄하다" "여법하다"를 연발하며 감탄을 금치 못했다.

물론 일부에서는 화려하다는 지적도 없지 않았다. 그래서 다비식은 잘해도 욕먹고, 못해도 욕먹는 일이라고 한다. 스님들이 다비식을 초라하게 하면 그 문도들한테 평생 한 맺힌 원망을 듣기 때문에, 차라리 화려하다고 욕먹는 게 낫다며 나를 위로했다.

그런데 정작 성철스님이 돌아가시자 마음이 흔들렸다. 가르침에 따라 다비식을 간소하게 해야겠다는 생각이 앞섰지만, 모인 대중들

의 마음은 그런 것이 아니었다. 우리가 할 수 있는 정성은 다하고 싶
었던 것이다.

속세의 관심, 사리

빈소도 채 만들기 전부터 문상객들이 몰려들었다. 처음엔 근처에 와 있던 등산객들이 문상하겠다며 모여들었고, 시간이 지나면서 인근 지역 불자들이 밀려들기 시작했다. 추모 인파가 몰려들면서 '문상객이 적어 스님의 법력이나 덕에 흠이 될 일은 없을 것'이라는 점에서 한편으로는 안심이 됐지만 다른 한편에선 거꾸로 세간의 지나친 관심이 부담스럽기 시작했다.

세속의 가장 큰 관심사는 뭐니 뭐니 해도 사리舍利였다. 한 시대의 선풍을 주도했던 큰스님인 만큼 사리가 나오긴 나올 텐데, "과연 몇 과顆나 나올까" 하는 것이 세인의 관심사가 아닐 수 없었다.

사리란 원래 화장을 하고 나서 남는 유골을 말한다. 인도에선 부처님 이전 시대부터 덕이 높은 사람의 유골을 나눠 갖는 풍습이 있었다고 한다. 그 덕을 추모하는 뜻일 것이다. 불교에선 사리가 법력의 상징인 듯 여겨진다.

그러나 성철스님은 생전에 "사리가 뭐가 중요하노" 하시며 주변에서 사리를 지나치게 신비화하는 풍토를 꾸짖으셨다.

"사리가 수행이 깊은 스님한테서 나오기는 한다만, 사리만 나오면 뭐하노. 살아서 얼매나 부처님 가르침에 맞게 사는가 카는 게 중요하지, 사리가 중요한 거는 아이다."

그렇다고 성철스님이 사리에 관심이 없었던 것은 아니다. 스님에겐 평생 지기로 가깝게 지낸 도반道伴이 많지 않다. '가야산 호랑이'라는 별칭처럼 워낙 불법에 어긋나는 일을 못 참는 불 같은 성격인데다 홀로 수행한 기간이 많은 탓이다. 몇 안 되는 지기들 중 해인사 홍제암 자운 큰스님이 입적했을 때 얘기다. 자운스님은 성철스님보다 20개월 앞선 1992년 2월 7일에 열반하셨다. 성철스님이 관절염 때문에 부산의 토굴에 머물고 계신 동안 먼저 떠난 것이다.

당시 해인사 총무였던 나는 자운 큰스님의 20여 과의 사리를 모시고 여는 '사리친견법회'를 뒷바라지하고 있었다. 그런데 부산에서 연락이 왔다. 스님이 사리를 보고 싶으시다는 거였다. 나는 어느 날 법회가 끝나자마자 사리를 모시고 부산으로 달려갔다.

사리를 싼 보자기를 풀어 스님께 내밀었다. 한참을 보시더니 한마디 하셨다.

"이기 자운스님이가?"

해방 직후인 1947년 경북 문경시 봉암사에서 '부처님의 가르침대로만 살아보자'라는 결심으로 함께 수행에 들어간 이래 반평생을 같이 해온 도반. 쓸쓸한 듯, 서운한 듯, 그렇게 한참을 바라보고만 계셨다.

"사리가 이리 마이 나왔으니……, 얼매나 좋은 일이고!"

그러고는 다시 입을 닫으셨다. 두 선승간의 오랜 인연을 알 길 없는 나로서는 그저 묵묵히 성철스님과 사리를 번갈아 보며 서 있을 뿐이었다.

사리가 중요한 것이 아니라 부처님의 가르침에 따라 사는 것이 중요함을 가르치셨던 큰스님이시지만, 수행과 법력의 결과로 얻어진 도반의 사리에 대해서는 '좋은 일'이라고 말씀하셨다. 사리에 집착할 필요는 없지만 한평생 정진한 결과로 남겨진 사리가 분명 의미 없는 것은 아닐 것이다.

　사족인데, 당시 나를 가장 괴롭혔던 소문은 팔만대장경의 서울 전시와 관련된 괴담이다. '책의 해'를 맞아 서울에서 열리는 전시회에 선보이기 위해 해인사의 대장경 경판 몇 개를 서울로 옮겼는데, 이를 두고 "신성한 고려대장경을 외부로 유출했기에 큰스님께서 돌아가셨다"는 소문이 나돌았던 것이다.

　사실 대장경의 외부 나들이는 종종 있었다. 전시회처럼 대외적으로 널리 알려지지 않았을 뿐인데, 이를 알 리 없는 세인들 사이에 괴담이 퍼진 것이다. 어이없는 소문이지만 나로선 속앓이가 적지 않았다.

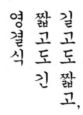

길고도 짧고, 짧고도 긴 영결식

성철스님은 1981년 1월 조계종의 최고 지도자인 종정에 추대되고 서도 산문 밖 출입을 전혀 하지 않으셨다. "종정이 되셨으면 서울에도 나오시고 여러 법회에도 참여해 법을 베푸시는 것이 도리인데, 예전과 다름없이 산중에만 계시기를 고집하니 너무하시다"라는 불만이 일었지만 성철스님은 누가 뭐래도 한마디로 일축했다.

"종정이라카는 고깔모자를 덮어 썼다마는, 내 사는 거 하고는 아무 관계 없데이!"

그래서 다른 스님의 입적 소식을 들으면 내가 종정의 조문 사절로 다니곤 했다. 스님이 써주신 조사弔辭를 해당 본사나 사찰에 갖다 주고, 종정스님께서 오지 못한 데 대한 사과를 드리는 것이 나의 주된 임무였다. 그러다 다비식에 참석하게 되면 낯익은 어른 스님들로부터 "큰스님을 모시고 있으니 나중에 실수 없도록 이런 일들을 잘 봐두어라"라는 당부의 말을 꼭 들어야 했다.

나름대로 준비를 한다고 했는데, 막상 일을 당하고 보니 어디서부터 무얼 어찌해야 좋을지 막막했다. 다행히 해인사 스님들은 종정을 지낸 고암 큰스님, 총무원장을 지낸 자운 큰스님의 다비를 치른 경험이 있었다. 스님들은 문상객 맞이와 영결식, 다비식 준비를 차근차근

진행해 나갔다. 장례는 7일장으로 정했다.

　워낙 세간에 얼굴을 안 보인 종정스님이라서 마지막 가시는 길을 보고 싶어하는 문상객이 그렇게 많았던 것 같다. 그중에서도 의외의 손님은 기자들이었다. 종합 일간지나 방송사 기자들이 오리라고는 생각지도 않아 아무런 준비도 하지 않았다. 그런데 큰스님이 열반한 날 오후부터 추모 기사들이 지면을 덮기 시작했고, 그날 밤과 다음 날 새벽 사이에 많은 기자가 몰려들었다.

　절집에서 정례 브리핑이란 제도가 생긴 것도 아마 전무후무할 것이다. 아침 브리핑 시간이 되면 "오늘 어떤 저명인사가 문상 온다고 했습니까?"라는 것이 항상 첫 질문이었다. 하지만 미리 알리고 오는 사람이 드물어 매번 대답이 궁할 수밖에 없었다.

　한편 서전書殿에서는 송월스님을 비롯해 붓글씨 잘 쓰는 여러 스님들이 '만장輓章 글'을 열심히 썼다. 주로 경전 구절이나 선사 어록이었다. 청하는 글이 따로 있으면 부탁대로 써주기도 하고, 만장마다 청한 사람의 이름을 적어 주기도 했다.

　전국에서 비구, 비구니들이 찾아와 지극히 애도하고, 가신 스님을 위해 정성을 다하고 싶다는 간절한 마음을 전해 왔다. 스님들 사이에서는 "큰스님 깨달음의 경지에서야 모든 것이 필요없지만, 산중대중의 허허로운 마음을 달랠 길이 없으니 대중의 정성을 모아 금강경을 독송하자"라는 뜻이 모아졌고, 오후 9시부터 스님들이 빈소인 궁현당에 모여 금강경을 독송했다. 조문 온 신도들까지 한마음으로 참여하여 상좌들에게 또 다른 자긍심을 심어 주었다.

　마침내 출상 당일의 날이 밝았다. 아침이 되자 부슬부슬 비가 내리기 시작했다. 궂은 날씨에도 불구하고 스님의 마지막 길을 애도하는 신도들이 새벽부터 밀려들기 시작했다. 전날 저녁 산중회의에서 점심 도시락을 1만 개 정도만 준비하면 될 것이라고 추정하여 카스텔라와 음료 등을 1만 명 분만 준비했는데 아침 해가 밝기도 전에 1만 명을 넘는 인파가 산사를 가득 메웠다.

11월 10일 오전 11시, 해인사 구광루 앞마당에서 영결식이 시작됐다. 다섯 번 치는 범종의 메아리가 어찌나 길게 가슴을 저미는지, 솟아오르는 슬픔을 견딜 수가 없었다. 눈물로 얼룩진 안경 너머로 오열하는 스님들의 모습이 어른거렸다. 김종필 민자당 대표, 이기택 민주당 대표, 이민섭 문화체육부장관, 박관용 대통령비서실장, 권익현 정각회 회장, 박찬종 신정당 대표 등 당시 정계 거물들이 참석한 사실은 뒤늦게서야 알았다.

'길고도 짧고, 짧고도 긴' 영결식은 두 시간 만에 끝났다. 큰스님이 58년 간 지켜온 산문을 떠날 시간이었다.

다
비
식

1993년 11월 10일, 40년 간 누더기만 입었던 성철스님이 노란 국화꽃으로 뒤덮인 법구차에 모셔졌다. 신도들이 지어 온 장삼을 물리칠 때마다 "나는 좋은 옷 입을 자격 없데이"라고 하시던 스님이 이날만은 세상에서 제일 화사한 국화옷을 입으셨다.

아침부터 내리던 빗발이 가늘어지더니 뜸해졌다. 다비장은 적당한 거리에 있었다. 절에서 3킬로미터 정도 떨어진 산중, 예전부터 다비식이 열리던 빈터다. 인로왕번引路王幡(운구 행렬을 이끄는 깃발)을 따라 스님의 명정이 앞서고 1,000여 개가 넘는 만장이 뒤따랐다.

이어 향로, 영정, 위패가 나서고, 그 뒤를 법구차와 문도스님 이하 스님들과 신도들이 대오를 지어 따랐다. 절을 내려오는데 운집한 신도들이 하나같이 오열을 했고, 3킬로미터의 산길을 가득 메우고도 남아 나무등걸 위에까지 애도 인파로 가득했다. 사람이 어찌나 많은지 장례 행렬이 길을 헤쳐가야 했다. 일부러 기존 다비장 터 주변의 잡목을 정리해 넓혀 놓았는데도 발 디딜 틈이 없었다. 주변 언덕, 나무 사이사이까지 사람들로 가득해 말 그대로 사람의 산이고 바다였다. 다비장 한가운데 연화대는 거대한 연꽃 봉우리로 장엄했다. 비구니들이 열과 성을 다해 연꽃 모양의 종이 조각으로 연화대를 장식해 놓았다. 법구를 연화대의 거푸집에 밀어 넣고, 성철스님의 상좌 중 맏이인 천제스님과 내가 마지막으로 장작을 집어 거푸집 입구를 막았다.

'이제는 정말로 마지막이구나!'

순간 미혹한 생각이 들면서 주체할 수 없는 눈물이 절로 뺨을 타고 흐르기 시작했다. 염불이 끝나고 종단의 대표 스님들과 문도 대표 스님들이 솜방망이에 불을 붙였다. 이어 "거화擧火"라는 구령에 맞춰 일제히 연화대에 불을 지폈다. 거의 동시에 다비를 지켜보던 스님들이 외쳤다.

"스님! 집에 불 들어갑니다. 어서 나오십시오."
"스님! 집에 불 들어갑니다. 어서 나오십시오."
"스님! 집에 불 들어갑니다. 어서 나오십시오."

목이 터져라 세 번을 외쳤다. 마지막으로 스님을 보내는 대중들의 관행적인 외침이다. 참았던 눈물이 또 주르르 흘렀다. 불길은 하늘로 치솟고 운집한 수많은 대중들은 누구랄 것도 없이 함께 참았던 울음을 터뜨렸다.

그렇게 한참을 울면서 불길을 바라보다가 문득 '이렇게 많은 사람들이 아무 탈 없이 돌아가야 할 텐데'라는 걱정이 들었다. 불길은 밤을 새워 타오를 것이다. 다비장 바깥 사정이 궁금했다.

절로 돌아오는 길에 경찰 관계자를 만났더니 일대가 온통 난리란다. 해인사 경내와 다비장, 그 사이 3킬로미터의 산길을 메운 인파만 10만여 명. 대구에서 해인사로 들어오는 88고속도로 고령 인터체인지에서부터 해인사 인터체인지까지 버스들이 꽉 들어차서 옴짝달싹 못한다고 했다.

스님의 열반 후 다비식 모습. 연화대에 불을 붙이는 거화 장면(1993년).

버스를 버리고 걸어오는 인파까지 합하면 모두 30여 만이나 되는 인파가 다비장을 향해 몰려오고 있었다. 성철스님은 평생 산승은 산에 머물러야 한다며 세상에 한 발짝도 나가지 않으셨는데, 그 스님이 마지막 가시는 길에 이렇게 해인사 창건 이래 최대의 인파가 몰리다니……. 정말 알 수 없는 일이었다.

다시 다비장으로 돌아오니 수천 명이나 되는 신도들이 여전히 다비장을 가득 메우고 있었다. 그냥 있는 것이 아니라 불길에 휩싸여 화광삼매火光三昧에 드신 스님의 법구를 향해 열심히 염불하고 있었다. 거화하고 다비식 법요를 마치면 문도들만 남고 나머지는 다들 흩어지는 것이 일반적인 다비식이다. 그런데 이렇게 많은 신도들이 다비장을 떠나지 않고 기도하는 모습은 무척 뜻밖이었다.

다비장에서 타오르는 불길을 바라보니 만감이 교차했다. '스님의 육성은 아직도 귀에 쟁쟁한데, 이제 얼마 후면 스님도 한줌의 재로 돌아가시는구나' 라고 생각하니 한동안 잊었던 눈물이 또다시 밀려왔다. 살아 계시는 동안 왜 좀 더 잘 모시지 못했을까…….

종교를 초월한 사리친견법회

다비식의 마지막은 사리, 정확하게 말하자면 유골을 수습하는 습골拾骨이다. 일반적으로 다비식 다음 날 아침에 습골을 하는데, 성철스님의 경우 혹시나 실수가 있을까 싶어 여느 때보다 나무를 많이 쌓았더니 불길이 쉽사리 사그라들지 않았다. 그래서 습골을 하루 늦추게 되었다.

성철스님 떠나신 지 9일째 되는 날인 11월 12일 아침, 2박 3일 동안 다비장을 지키며 밤낮으로 염불을 해온 1,000여 명의 사부대중들이 지켜보는 가운데 습골이 시작됐다.

비가 온다는 얘기가 있어 먼저 비닐로 휘장을 치고, 습골을 맡은 노스님들과 제자들만 안으로 들어갔다. 큰 나무젓가락으로 조심스럽게 잿더미를 헤치기 시작했다. 가장 먼저 정수리 쪽의 유골에 묻은 재를 털어 내자 두개골 속에 박힌 자그마한 점점의 푸른빛이 반짝 빛을 발했다.

"사리가 나왔다."

어느새 누군가 대중을 향해 소리를 질렀다. 순식간에 다비장이 술렁거리기 시작했다. 방송용 카메라와 보도진, 염불하던 스님들까지 휘장 속으로 고개를 들이밀었다. 습골을 계속하기에는 분위기가 너무나 어수선했다. 혹여 스님의 유골이 다칠까 걱정돼 일부만 수습하고 일단 습골을 중단하기로 했다.

항아리에 유골을 담고 다비장을 나서려는데 갑자기 옆에 서 있던 떡갈나무 잎들이 일제히 우수수 떨어지는 게 아닌가. 주위에 있던 사람들이 모두 신기해하며 갑자기 앙상해진 나무를 올려다봤다.

절로 돌아와 유골 속에 박힌 사리를 수습했다. 다행이다. 뭇 세인들이 관심을 가지는 사리가 꽤 많이 나올 듯했다. 전체를 수습한 결과 110여 과의 사리가 모아졌다. 통상 유골은 따로 항아리에 담아 사리탑을 만들 때 바닥에 묻고, 사리는 별도의 함에 넣어 사리탑 안에 모시는 것이 관례다.

성철스님의 경우도 유골은 항아리에 담아 해인사 입구에 있는 사리탑의 아래쪽에 묻었다. 그리고 사리 중 70~80과는 사리탑에 안치했고, 나머지는 스님이 머물던 해인사 백련암과 지난 3월 생가 터에 복원된 기념관 등 스님과 관련된 여러 곳에 분산해 모셨다.

습골이 끝난 큰스님의 사리는 사리탑을 만들기에 앞서 일반에게 공개하는 친견 법회를 갖는다. 성철스님의 사리도 11월 13일부터 일반에게 공개됐다. 매일 1만여 명의 사람들이 모여드는 통에 감당하기가 힘들었다. 하지만 1킬로미터 밖에서부터 줄을 서서 그 누구도 새치기 하지 않고 차례를 기다려 주는 모습에 그저 감사할 뿐이었다.

그렇다고 기다리는 신도들의 마음에 아쉬움이 없는 것은 아니었다. 친견을 마친 신도들 사이에 "300분 기다려서 3초만 보고 간다"라는 말이 퍼졌다. 반나절씩 기다렸는데 친견 시간은 정작 몇 초에 불과하다는 안타까움이었다. 개인적으로 안면이 있던 한 신도의 말이 지금도 생생하다.

"내 평생 큰스님 한 번 친견하려고 별렀는데, 삼천 배가 무서워 백련암을 찾지 못했다가 이제야 스님을 뵈러 왔습니다. 사리 친견하는데 이렇게 고생할 줄 알았으면 내가 죽든지 살든지 삼천 배 하고 큰스님 살아 계실 때 친견할 걸 그랬네요."

또 어떤 신도는 이렇게 말했다.

"스님, 오늘 사리 친견뿐만 아니라 큰스님 다비식 때도 참석했었어요. 우리는 서울에서 왔는데 아침 9시쯤에 해인사 인터체인지에 도착하니 벌써 차가 막혀 옴짝달싹할 수가 없었어요. 누가 먼저랄 것도 없이 내려서 해인사 다비장을 향해 걷기 시작했어요. 우리만 그렇게 걷는 것이 아니라 벌써 많은 사람들이 길을 메우며 해인사로 해인사로 걸어가고 있었어요. 스님, 여기 있는 사람들 모두 그런 경험이 있겠지만 나는 6·25사변 피난길에 그 먼길을 걸어 보고 이번 스님 다비식 때 처음으로 그렇게 걸어 봤습니다. 그런데 오늘 사리 친견에 몇 시간씩 기다리니 큰스님 뵙기가 생전이나 사후나 힘들기는 마찬가지네요."

이렇게 힘겨워하면서도 종교를 초월한 많은 신도들과 국민들이 사리친견법회에 동참해 주었다. 이렇게 많은 사람들이 모여드니 여기저기서 라면이다 뭐다 해서 난장판이 벌어졌다. 청정도량의 수행 풍토에는 있을 수 없는 일이지만, 추운 날씨에 따뜻한 차 한 잔 대접하지도 못하는 처지에 단속할 수도, 말릴 수도 없었다. 나중에 "큰스님 덕에 서민들이 한겨울 나게 되었다"는 해인사 인근 주민들의 칭송이 자자했으니 나쁠 것도 없는 일이었다.

그해 가을은 그렇게 바쁘게 지나갔다. 겨우 한숨 돌리고 되돌아보니 성철스님과의 인연이 어느새 20년이 지나 있었다.

放光 **방광**

7일장을 지내며 들은 말 가운데 원체 황당한 이야기라 긴가민가하며 흘려 넘기고 말았던 일이 하나 있다. 바로 방광放光이다. 방광은 은은하고 밝은 빛의 기운이 드러나는 현상을 말한다.

방광 얘기가 처음 나온 것은 성철스님이 입적한 그날 저녁 해질 무렵이었다고 한다. 나는 장례를 준비하느라 바빠 보지 못했는데, 몇몇 스님들이 "퇴설당에 불났다"고 소리를 질러 근처에 있던 스님들이 허겁지겁 물통을 들고 달려갔다고 한다. 퇴설당은 성철스님이 생전에 머물던 곳으로, 사후 스님의 법구를 안치했던 곳이다.

물론 불은 나지 않았다. 같은 시각 일부에선 "장경각에서 밝은 빛이 나오는 것을 봤다"는 얘기도 했다. 장경각과 퇴설당은 해인사 경내 가장 높은 곳에 나란히 위치해 있는 건물이다.

보지 않고는 믿기 힘든 일이다. 장례를 마치고 사리친견법회를 시작하는 날 아침이었다. 아침 공양을 마치고 그동안 대사를 치르는 데 심혈을 아끼지 않으셨던 산내 큰스님들을 찾아 인사를 하던 중 유나維那(사찰의 기율을 관장하는 소임)인 성본스님께 들렀을 때다. 차 한잔 마시고 있는데 느닷없이 밖에서 "방광이다. 백련암 쪽이다"라는 고함소리가 들렸다.

순간 나도 모르게 문을 박차고 마당으로 내달아 백련암 쪽을 쳐다보았다. 아침 8시 전후쯤으로 기억된다. 밝은 오렌지색의, 구름 같기도 하고 안개 같기도 한 빛이 백련암 뒷산을 휘감고 있었다. 산등성이 위로 피어올랐다가 사라지고, 사라졌다간 다시 피어오르기를 20여 분 간 반복하다가 빛이 서서히 엷어지며 사라졌다.

어안이 벙벙했다. 본사 마당에서 볼 때 백련암이 동쪽이기 때문에 아침 해가 떠오르는 순간에 노을이 지는 것이라고 생각할 수도 있다. 그러나 수십 년 간 보아 온 아침 노을보다 훨씬 밝았고, 확실히 노을과는 달리 붉은 기운이 아래위로 여러 차례 움직였던 것이다.

성철스님의 방광을 목격한 사람은 해인사 스님들만이 아니다. 당시 국립공원 소장으로 근무했던 분은 이런 말을 했다.

"성철스님의 입적 직후 가야면에서 누가 해인사에 불났다고 신고를 해왔어요. 확인해 보니 불이 난 것이 아니라 그쪽에서 밝은 빛이 비쳤다고 하더군요."

가야면은 해인사에서 20리 떨어진 곳으로, 가야산의 전경을 가장 잘 볼 수 있는 곳이다. 지금은 돌아가신 명진스님도 당시 길상암(해인사 입구 암자)에 머물면서 방광을 여러 번 보았다고 했었다.

절집에서 방광이란 흔히 부처님의 탱화나 석불 등에서 목격되는 신비스러운 일로 구전돼 왔다. 성철스님도 생전에 여러 번 방광 이야기를 하셨다. 스님은 지금은 원로가 된 한 스님에 대해 얘기할 때면 언제나 빠뜨리지 않고 말씀하셨다.

"그 스님이 출가한 거, 방광 때문 아이가! 그 스님이 어느 절에 들렀다가 후불탱화 부처님이 갑자기 방광하시는 모습을 보고 발심해 통도사로 출가했다 안카나.”

그리고 방광의 의미에 대해 “지금도 부처님이 안 계신 곳이 없다는 거 아이겠나”라고 말씀하시곤 했다.

방광을 직접 보지 못하고 전해 듣는 사람들은 하나같이 허무맹랑한 소리라고 일축해 버렸다. 심지어 일부 스님들은 상좌들이 지어 낸 말이라고 오히려 불쾌해하기도 했다. 그런 사람들을 잡고 옳으니 그르니 해보았자 아무 소용 없음을 안다.

방광을 믿으라고 강요하기 위해 꺼낸 이야기는 아니다. 다만 “누구나 깨치면 무한한 능력이 있고, 영원한 생명을 가지게 된다”던 성철 스님의 생전 가르침을 되새기게 한 이색 체험이라 긴 얘기 가운데 빠뜨리고 싶지 않았을 뿐이다.

돈오돈수
頓悟頓修

"야, 이 곰 새끼야."

"밥 도둑놈, 밥 값 내놔라."

성철스님은 화가 나면 벼락같은 목소리로 '새끼'니 '놈'이니 하는 말을 예사로 했다. 물론 모두가 수행이 부족한 스님들을 일깨우는 사자후다. 그렇지만 출가 후 20년 간 스님을 모신 상좌 생활은 하루도 마음 편할 날이 없었다.

가르침에 어긋난 일이나 마음에 차지 않는 일이 있으면, 어제 온 행자行者나 20년 된 스님이나 가리지 않고 질책하셨다. 스님 앞에서는 어느 누구도 예우를 기대할 수 없었다. 질책은 있어도 칭찬해 주는 법은 없었다. 야단 맞지 않으면 그것이 잘했다는 식으로 생각하며 살아야 했다. 스님은 그렇게 우리에게 바늘 세울 틈도 주지 않으셨다.

나는 스님이 입적하시기 직전, 20년 만에 처음이자 마지막으로 칭찬을 받았다. 1993년 9월 21일, 성철스님의 사상을 총정리하는 《성철스님 법어집》(11권)과 《선림고경총서》(37권) 출판 작업이 10년 만에 마무리돼 서울서 출판 기념회를 열었다.

이어 10월 8~9일 이틀간 해인사에서 '선종사禪宗史에 있어서 돈오돈수 사상의 위상과 의미'를 주제로 연 국제학술대회도 무사히 마

필자가 성철스님의 옷깃을 여며드리고 있다.

쳤다.

돈오돈수頓悟頓修란 참선을 통한 깨달음을 강조하는 성철스님의 가르침을 말한다. 평생 나서기를 꺼리셨던 스님이 강연을 하겠다고 결심했을 정도로 애정을 둔 행사였다. 그러나 건강이 워낙 좋지 않아 스님은 참석하지 못하셨다. 행사를 마치고 스님께 그간의 사정을 보고했다. 난생처음 들어 본 칭찬은 간단했다.

"수고 많았데이."

이 한마디에 나는 스님의 열반을 예감했다. 호랑이 같던 스님이 칭찬을 다하시다니……

그로부터 보름 만에 그렇게 무서운 스님이 떠났다. 스님을 떠나 보낸 심경은 은산철벽銀山鐵壁을 마주한 느낌이었다. '성철스님 문하에서 깨달음을 얻으려고 출가했는데, 미처 깨달음을 얻기도 전에 스님이 떠나시고 말았다' 고 생각하며 나 자신을 되돌아보니 전율이 느껴졌다.

성철스님 생전에 깨달음을 얻겠다는 급한 마음에 이렇게 물었던 적이 있었다.

"화두를 공부하여 도를 깨우치기가 그렇게 어려운데, 지름길로 단번에 깨칠 길은 없습니까?"

역시나 어리석은 물음이었다.

"그런 거 가르쳐 주는 거는 미친놈한테 칼 쥐어 주는 거나 같은 기라. 내가 우째 그래 하겠노. 답답해도 혼자 공부를 마쳐야 하는 기라!"

당시 공부에 진전이 없는 우리를 보고 성철스님은 얼마나 답답해

하셨을까? 스님을 떠나 보내고 나 스스로를 돌아보며 비로소 스님의 마음을 미루어 짐작해 본다. 성철스님은 내가 처음 출가했을 때만 해도 깨달음에 대해 물으러 오는 스님들을 참 반갑게 맞이해 자세히 일러주곤 하셨다. 그러나 세월이 흐르면서 '내 말 듣는 놈이 아무도 없어'라고 하시며 가르침을 청하는 스님들을 잘 만나 주지 않으셨다.

고희를 넘기면서부터는 부쩍 '눈 푸른 납자衲子'를 기다리신 듯하다. 납자란 수도승을 말하며, '눈 푸른 납자'란 서쪽에서 온 달마대사의 푸른 눈에서 나온 비유로 '탁월한 선승'이란 뜻이다. 그러나 눈 푸른 납자는 오지 않았고, 성철스님은 깨달음의 큰 보따리를 아무에게도 전해 주지 못하고 떠나신 셈이다.

見之不見 逢之不逢 古之今之 悔之恨之
보아도 보지 못하고 만나도 만나지 못하니, 옛날이나 지금이나
한탄스럽고 한탄스럽다.

양무제가 달마대사를 추모한 이 비문이 어찌 이리도 내 마음과 같을까? 나는 어쩌면 성철스님을 보아도 보지 못하고, 만나도 만나지 못한 것이 아닐까? 20년 전 해인사로 성철스님을 찾아온 건 분명히 나였건만……

2장

치열한 구도의 시간 — 성철스님과 나, 원택

손수 기워 신으셨던 덧신

큰스님은 참선하는 이는 바쁘고 바쁜 때에도 화두가 한결같은 동정일여,
꿈속에서도 변함없는 몽중일여, 잠이 완전히 들어서도 화두가 밝은 숙면일여의 경지를 넘어서야
비로소 안과 밖이 투철해지고, 무심無心을 얻어 큰 깨달음을 이룬다고 가르치셨다.
죽음 앞에서도 한결같음〔一如〕을 느끼는 큰스님 앞에서 나는
그저 부끄럽고 숙연할 따름이었다.

첫
만
남

대학을 졸업하고 고향인 대구에 머물던 1971년 3월 말쯤 되었을 것이다. 하루는 절친한 친구가 찾아와서 내일 해인사 백련암에 다녀오자고 했다. 나는 고등학교 2학년 때 갑자기 불교를 공부하고 싶다는 마음이 들어 불교학생회에 가입한 이후 간간이 관련 서적을 보아오던 차였다. 하지만 그 친구는 전혀 불교에 관심이 없는 친구였다. 그래서 갑자기 웬 해인사냐고 물었고, 그 친구의 대답에서 처음으로 '성철'이란 이름을 듣게 되었다.

"내 대학 동창이 스님이 돼 해인사 백련암에서 공부하고 있는데, 갑자기 그 친구를 보고 싶어졌거든. 혼자 가기는 좀 그렇고, 너는 불교에 관심이 많으니까 거기 계시는 성철스님이라는 큰스님을 한번 친견도 할 겸해서 가자는 거야."

하지만 나는 성철스님이 누군지도 몰랐으니 심드렁할 수밖에 없었다. 그래서 나는 혼자 다녀오라며 거절을 했다. 그런데 그 친구가 평소와 달리 막무가내로 꼭 같이 가야 한다며 계속 졸라댔다. 내키지는 않았지만 하는 수 없이 다음 날 해인사행 버스를 탔다.

당시 대구에서 해인사까지 가는 길은 비포장 도로에다 폭도 좁아 세 시간 이상 걸렸다. 해인사 주차장에 도착해 오솔길보다 좁은 산길을 올라 백련암에 도착했다. 친구는 대학 동창 스님을 찾아 반갑게 얘기를 나누었지만, 나와는 초면인지라 나는 대화에 끼지도 못하고 쭈뼛거리고 있었다.

20~30분쯤 지나 그 친구 스님이 말했다.

"우리끼리만 이야기하고 있으면 나중에 어른 스님께 야단 맞을 것이니, 스님께 인사를 드리고 내려와서 다시 얘기하자."

나는 '그래, 유명하다는 스님은 어떻게 생겼을까?' 하는 호기심으로 스님을 따라갔다. 큰스님 방 앞에 도착했다. 친구 스님이 방문 앞에서 "접니다" 하고 기별을 드렸다.

"어, 들어오이라."

카랑카랑한 음성이었다. 방 안으로 들어가 큰스님을 쳐다보니 무슨 전등불같이 형형한 눈빛으로 쏘아보시는 게 아닌가. 그 눈빛만으로도 주눅이 들어 얼굴을 떨구고 말았다. 잔뜩 긴장하고 있는데 한참을 그렇게 쏘아보시더니 한마디 툭 던지셨다.

"웬 놈들이고?"

말투도 그렇지만 눈빛이 결코 범상치 않아 분위기가 딱딱하게 굳어졌다. 친구 스님이 "제 친구들인데 오랜만에 저를 찾아왔심더" 하고 말하자 그제야 분위기가 풀리기 시작했다. 여전히 나는 주눅 들어 있었지만 겨우 용기를 내 입을 열었다.

"큰스님, 오늘 처음 뵙게 되었습니더. 그 기념으로 저희에게 평생지남指南이 될 좌우명 한 말씀 해주이소."

큰스님께서 예의 그 형형한 눈빛으로 쏘아보시더니 당돌한 주문에 흥미를 느낀다는 듯 다시 한마디 내뱉었다.

"그래, 그라먼 절돈 3,000원 내놔라."

그래서 나는 주머니를 뒤져 3,000원을 스님 앞에 내놓으며 "여기 있습니더"라고 호기 있게 말했다. 그러자 큰스님의 불호령이 떨어졌다.

"이놈아, 나는 그런 돈 필요 없다. 절돈 3,000원 내놓으란 말이다. 절돈 3,000원!"

황당했다. 절돈이라니. 백련암에서는 돈을 따로 찍어 내나? 백련암에서 현금으로 바꾸는 절돈이 따로 있는 모양이지. 별 생각을 다하며 멍청히 있는데 친구 스님이 설명을 해주었다. 큰스님이 말하는 절돈은 법당에 가서 부처님께 절하는 것이라고. 3,000원은 삼천 배란다. 삼천 배가 쉬운 일인가. 그동안 혼자 불교 서적을 읽은 상식을 발휘해 거절하려고 이렇게 말했다.

"비구는 250계, 비구니는 500계, 보통 신도는 48계율을 지켜야 되는 줄 압니다만……. 우리는 큰스님께 좌우명 한 말씀만 듣고자 하는데 절돈 3,000원까지 낼 거야 없지 않습니꺼?"

실수였다. 큰스님이 쏘아보시더니 다시 꾸짖었다.

"니는 불교에 대해 뭐 쫌 아나? 니는 공짜로 그저 묵자 하는 놈이구만. 안 된데이. 니는 절돈 만 원 내놔라."

일만 배를 한다는 것은 상상하기 힘든 일이다. 그러나 오기가 솟구쳤다.

일만 배의 약속

"좋심더. 그러면 제가 만 번 절하고 오겠심더."

참 당돌한 약속을 해버렸다. 큰스님 방에서 물러나와 친구 스님 방으로 내려왔다. 우선 절하는 방법을 배운 다음, 각오를 다지느라 객실에서 잠시 쉬고 있을 때였다. 삼천 배를 해야 할 처지에 놓이자 친구가 아무래도 내키지 않아 했다. 친구는 놀러 왔는데 절은 무슨 절이냐며 가야산 등산이나 하자고 졸라댔다.

"아이다, 큰스님하고 약속했으니 나는 절부터 할란다. 니나 먼저 가야산 갔다 와라!"

왠지 큰스님과의 약속을 지켜야겠다는 생각이 들었다. 친구는 혼자 가야산에 오르겠다며 떠났고, 나는 절돈 1만 원을 내기 위해 천태전으로 올라갔다. 일만 배를 하는 방식은 '하루 세끼 식사는 하되 24시간 이내에 일만 번 절을 해야 한다'는 것이었다. 오후 1시니까 다음 날 오후 1시까지 일만 배를 해야 하는 것이다.

'독하게 마음먹으면 못할 것도 없지' 하는 생각에 시작했다. 저녁 공양 시간까지 부지런히 한다고 했는데 겨우 일천 배였다. 저녁을 먹고 나니 독한 마음은 온데간데 없어졌다. 친구 스님에게 말했다.

"아이구, 생각보다 절하기 힘드네요. 네 시간 동안 절한 것이 겨우 일천 배니, 일만 배를 어떻게 하겠습니꺼. 절 그만하고 내려갈랍니다."

그 정도면 성의는 보였다고 생각했는데 친구 스님이 펄쩍 뛴다. 나야 절 안 하고 가면 그만이지만, 내가 약속을 안 지키면 자기가 쫓겨난다는 것이다. 그러니 절 다하고 내려가야 한다며 한참을 나무라는 게 아닌가. 미안한 마음에 아무 말도 못하고 저녁 예불을 마치고 다시 천태전으로 올라갔다.

절집에선 저녁 9시가 취침 시간이다. 천태전으로 올라간 지 얼마 지나지 않아 취침 시간을 알리는 목탁 소리가 고요한 밤하늘을 가르고 지나갔다. 후회막급이었지만 이미 약속한 일이다. 수도 없이 일어났다 구부렸다를 하며 절을 하는데, 나중에는 너무나 지쳐 밤이 얼마나 깊었는지조차 가늠할 수가 없었다.

육신의 고통이 이루 말할 수 없을 정도로 밀려왔다. 나중에는 절을 하던 중 서서 졸다가 몸이 기우뚱 균형을 잃는 바람에 소스라쳐 놀라 깨어나기도 했다. 바닥에 엎드리는 순간 깜빡 졸음에 빠져 죽은 듯이 엎어져 있기도 했다.

새벽 3시면 스님들은 일어난다. 3시에 울려 퍼지는 목탁 소리가 그렇게 반가울 수 없었다. 전날 저녁 9시부터 그날 새벽 3시까지, 여섯 시간밖에 되지 않는데 그 시간이 왜 그렇게 길게 느껴졌는지. 그렇게 힘을 얻어 열심히 절을 했는데 누군가 세차게 엉덩이를 찼다. 고개를 들어 보니 친구 스님이 옆에 서 있다.

"아침 공양에 나오지 않길래 올라와 보니 이렇게 자고 있는 기라. 깨워도 깨지를 않아서 할 수 없이 엉덩이를 걷어찼지."

절을 하다가 나도 모르게 꼬꾸라져 잠이 깊이 들었던 모양이다. 죽을힘을 다해 아침을 먹고 또 천태전으로 올라가 절을 하는데 이제는 일어나지도 앉지도 못할 지경으로 온몸이 굳어 버렸다. 그래서 점심 때까지는 일어나지도 못하고 앉아서 허리만 구부렸다 폈다 했다. 점심 시간이 돼 엉금엉금 기어 내려오다가 큰스님과 마주쳤다. 큰스님이 내 모습을 물끄러미 쳐다봤다.

"절돈 만 원 다 내놨나."

얼떨결에 "예, 다 내놓은 것 같심더" 하고 얼버무리고 지나쳐 가려고 했다. 그러자 스님이 혀를 끌끌 차며 말했다.

"어제 1시에 올라갔으면 오늘도 1시에 내려와야지, 한 시간을 못채우고 내려오는 거 보니 니놈도 시원찮다!"

속으로 화가 났다. '아니, 이렇게 고생했는데 위로는 못해 줄망정, 절돈 떼먹은 놈 취급하는구먼' 하는 서운함이었다. 더 머물고 싶지 않아 친구에게 "빨리 가자"고 재촉했다. 그랬더니 친구 스님이 그래도 큰스님 뵙고 가야지 그게 무슨 말이냐며 만류했다. 또다시 오기가 동했다.

불기자심
不欺自心

　전신이 욱신거리는 녹초가 다 된 몸을 이끌고 큰스님을 찾아뵈었다.

　"어제 뭐라 했노. 좌우명 달라 했제. 너거들 낯짝 보니 좌우명 줘봤
자 지킬 놈들이 아이다. 그러니 그만 가봐라!"

　무슨 청천에 벽력인가. 그렇게 힘든 절을 시켜 놓고는 그만 가보라
니 황당하다 못해 어이가 없었다. 그냥 물러설 수가 없었다.

　"큰스님, 그래도 지키고 안 지키고는 다음 문제고요. 우리가 이렇
게 힘들게 절돈을 내놨는데 좌우명을 주셔야 하지 않겠습니꺼?"

　오기에 애원까지 보태 말씀을 올리니 큰스님이 다시 지그시 바라
본다.

　"절돈 내느라고 애는 썼으니 좌우명을 주기는 주지."

　성철스님은 잠시 침묵하더니 이윽고 말했다.

　"속이지 마라! 이 한마디 해주고 싶데이."

　너무나 실망스러웠다. 큰스님이 주는 좌우명이라면 무슨 거창한,
정말 평생 실행하려고 해도 힘든 어떤 굉장한 말씀일 것이라고 기대
했었는데, 기껏 '속이지 마라'라니. 너무 쉬운 좌우명이었다. 떨떠름
한 표정으로 앉아 있으니 큰스님이 다시 묻는다.

　"와? 좌우명이 그래 무겁나. 무겁거든 내려놓고 가거라. 아까도 내

가 너거들은 좌우명 못 지킬 거라 안 했나?"

내가 실망하는 마음과는 정반대의 말씀을 하시는 것이었다. 큰스님께서 그렇게 말씀하니 실망스럽다는 말은 입 밖에 내지도 못하고 돌아섰다.

"예, 그럼 속세에 가서 잘 지켜 보겠습니더."

하산하는데 억지로 절한 몸이 제대로 움직이지 않았다. 걷다가 쉬다가 다시 바닥을 기다시피 하면서 백련암을 내려왔다. 그리고 친구에게 괜히 백련암 오자고 해서 몸만 작살났다며 투덜거렸다.

큰스님께서 주신 '속이지 마라'라는 좌우명에 실망한 이유는, 초등학교 선생님에게서도 아버지에게서도 어머니에게서도 어른이라면 누구에게서나 귀 따갑게 들었던 흔한 말씀이었기 때문이다. 그리고 또 지난날을 돌이켜 보아도 지금까지 남을 위해 무언가 도움이 되자고 살았지, 남을 속이고 살지는 않았기 때문이다. 그러니 큰스님께서 주신 '속이지 마라'라는 좌우명을 듣고 어찌 실망하지 않을 수 있었겠는가. 그 후 몸도 풀리고 사람의 일이라 백련암 다녀온 일을 잊어버리고 살았다.

그로부터 석 달쯤 지났다. 문득 '속이지 마라'라는 큰스님의 말씀이 떠올랐다.

'그렇다. 내가 지금까지 살면서 남을 속이고 산 일은 없지만, 나 자신을 속이고 산 날은 얼마나 많은가.'

큰스님의 말씀을 '남을 속이지 마라'로 해석하면 쉬워 보일 수 있다. 그러나 '자기를 속이지 마라'라고 해석하면 정말 평생 지키기 힘든 좌우명인 것이다. 갑자기 큰스님을 다시 찾아뵙고 싶은 충동이 일어났다.

그해 7월, 이번에는 혼자서 백련암을 찾았다. 보통 문이 굳게 잠겨 있다는 백련암인데, 그날따라 문이 활짝 열려 있었다. 마침 큰스님 혼자서 마당을 왔다갔다하고 계셨다. 반가운 마음에 큰스님께 다가가 인사를 올렸다.

"큰스님, 편안하셨습니꺼?"

"웬 놈이고?"

순간 실망감이 가슴속을 꽉 채웠다. 불과 몇 달 전 죽을 고생을 하고 좌우명을 받아갔는데 몰라보시다니. 반갑게 맞아 주실 것이라는 생각에 반가운 마음으로 인사를 드렸는데, 생전 처음 보는 표정을 지으시니 실망이 클 수밖에 없었다. 어쩔 수 없이 지난 3월에 있었던 일에 대해 설명을 드렸다.

"그랬나? 나는 모린다."

말문이 막혔다. 감정을 가지고 큰스님께 말씀드려 봤자 아예 이야기가 되지 않을 게 뻔했다. 용기를 내 단도직입적으로 말했다.

"큰스님, 불교에 대해 알고 싶어서 찾아뵈었습니더."

"불교? 불교에 대해 나는 아무것도 모른데이. 불교를 알고 싶으면 큰절에 내보다 더 잘 아는 사람이 있거든. 해인사 강원에 강주스님이라고 불교를 내보다 더 잘 아니까, 거기 가서 물어봐라."

강원講院은 불교의 교리를 가르치는 학교와 같은 곳이고, 큰절이란 해인사의 본찰을 말한다. 큰스님의 가르침을 받겠다고 찾아왔는데, 다른 곳으로 가라는 얘기나 마찬가지다. 무서우면서도 엉뚱한 스님이었다.

화두
삼서근
麻三斤

그렇게 한참을 망설이고 있었다. 하지만 그냥 가란다고 그대로 내려갈 수는 없었다. 불교를 가르치지 않겠다면……. 그렇다, 나는 참선에 관심이 있어 성철스님을 찾아온 것이다. 성철스님은 평생 참선으로 일관해 온 선승이 아닌가. 다시 간청했다.

"큰스님, 불교에 대해 배우는 것은 그렇다 치고 저는 본디 참선 공부를 하고 싶어했습니다. 큰스님께서 제가 참선할 수 있게 화두를 주셨으면 합니다."

순간, 큰스님 얼굴 표정이 확 변했다. 지금까지 무뚝뚝하던 모습은 어디론지 사라지고 호상虎相의 굵은 주름이 확 펴진다.

"참선하고 싶다 했나? 오냐 그래, 그라문 내가 참선하도록 화두를 줄게. 나따라 오이라."

성철스님은 말을 마치자 성큼성큼 방으로 들어간다. 엉겁결에 따라 들어가 절을 세 번 했다. 신도들은 스님에게 절을 세 번 올리는 것이 절집의 인사법이다. 스님이 내린 화두는 '삼서근麻三斤'이었다. 예상치 않았던 자세한 설명에 당부까지 덧붙이셨다.

"'어떤 것이 부처님입니까. 삼서근이니라.' 무슨 말인고 하니, 부처님을 물었는데 어째서 삼서근이라 했는고, 이것이 삼서근 화두다.

염불하듯이 입으로만 오물거리지 말고 '어째서 삼서근이라 했는가' 하는 의문을 놓지 말도록 해라."

뜻밖의 자상함에 어찌나 고맙고 감사한지, 연신 머리를 조아리며 "열심히 하겠습니다" 하고 다짐에 다짐을 더했다. 백련암을 내려오면서도 큰스님에 대한 고마움이 마음속에 가득했다.

그런데 막상 화두를 드는 수행에 들어가려고 하니 쉬운 일이 아니었다. 흔히 화두를 붙잡고 참선하는 것을 '화두를 든다'라고 하는데, 들고 앉으면 끊임없이 잡념이 일어났다. 화두는 어디론가 사라지고, 이런저런 헛생각들만 쉼 없이 머릿속에 떠올랐다.

본래 화두란 선禪을 수행하는 스승과 제자 사이에 주고받는 문답 가운데 하나를 말한다. 흔히 스승이 제자에게 참선 공부거리로 던지는 '문제'가 화두다. 선불교 전통에선 1,000여 년 간 큰스님들이 던진 대표적 질문들을 모아 공안公案이라고 통칭한다. 공안이 곧 화두인 셈인데, 대표적인 것이 1,700가지다. '이 뭐꼬?'나 '무無'가 우리나라 선승들이 가장 많이 붙잡는 화두들이다.

스승이 던진 화두를 들고 참선하다 그 물음의 답을 얻는 것이 곧 깨달음인데, 흔히 이러한 깨달음을 얻는 것을 '화두를 타파한다'라고 말한다. 그런데 문제는 팔만대장경을 다 뒤져도 그 안에 화두의 정답이 없다는 점이다. 오로지 의문에 또 의문을 가짐으로써 마침내 그 뜻을 깨우치게 되고, 그 뜻을 분명히 깊이 깨치면 견성성불見性成佛(본성을 바로 보아 깨달음을 얻음)해 부처가 된다는 것이다.

성철스님이 준 삼서근 화두를 들고 끙끙거리며 세월을 보냈다. 아무런 진척도 느껴지지 않아 나중에는 왼손 엄지손톱과 오른손 엄지손

톱 사이에 향을 끼워 태우는 고행까지 시도해 보았다. 고통 속에서 정신이 번쩍 드는 그 순간이 있으리라는 기대 때문이었다. 하지만 엄지손톱이 노랗게 타들어가는 고통이 적지 않았음에도 불구하고 공부에는 별 도움이 되지 않았다.

그런 과정 속에서 조금씩 느낄 수 있었다. 화두 타파를 위해 선방에 앉아 수행하는 스님들의 공덕이 함부로 미칠 수 있는 가벼운 세계가 아니라는 것을. 피상적 생각으로는 도저히 헤아리기 힘든 곳이란 것을.

'참선한답시고 괜히 큰스님한테 화두 얻어 생고생하는 것 아닌가?' 하는 푸념이 절로 나왔지만, 그래도 화두가 달아나면 돌이켜 보고, 다시 달아나면 또 돌이켜보기를 끊임없이 되풀이했다. 화두 공부만이 진리에 도달하는 지름길이라는 다짐에 내가 아는 불교 지식을 총동원해 가며 매진했다. 그렇게 1971년은 저물어 가고 있었다.

니 고만 중 되라

1972년 새해가 밝았다. 문득 백련암으로 성철스님을 찾아뵙고픈 마음이 생겼다. 지난 몇 개월 동안 힘을 낸다고 냈으나 별다른 진전이 없어 큰스님을 뵈면 뭔가 결단을 내릴 수 있을 것 같았다.

1월 2일 대구에서 해인사 행 시외버스를 탔다. 신정 다음 날 아침이라 승객이 아무도 없었다. 운전기사와 안내양 그리고 나, 셋이서 출발을 했다. 냉난방 시설이 없었던 시절이라 차 안은 몹시 춥고 냉랭했다. 비포장 도로로 인해 차는 덜컹거리는 데다 몸을 웅크린 채 추위에 떠느라 나는 아무 생각도 없었다.

바로 그때였다. 나도 모르게 삼매三昧(마음의 혼란스러움이 사라진 경지)에 빠져들었던 모양이다. 언뜻 머리 주위를 무지갯빛이 휘감는 듯한 느낌을 받았다.

부지불식간에 겪은 신기한 체험에서 깨어나 보니, 버스는 높고 험하기로 유명한 고령의 금산재를 막 넘고 있었다. 정말 묘한 기분이었다. 부처님이나 예수님을 그린 그림에서 흔히 머리 뒤쪽으로 빛이 나오는 모습, 즉 광배光背를 볼 수 있는데, 내가 바로 그런 빛의 흐름을 느낀 것이다. 워낙 신기하고 순간적으로 지나간 일이라 '한 번만 더 나타나면 확실히 볼 텐데……' 하는 아쉬움이 간절했다. 하지만 그때 이후로 지금까지 같은 경험을 하지 못했다.

어쨌든 그런 신비한 마음을 가슴 한 켠에 묻고 해인사에 도착했다. 큰스님께 새해 인사를 드릴 수 있게 해달라고 친구 스님에게 부탁을 해 허락을 받아 냈다. 속으로 '성철스님을 뵙자마자 따귀를 한방 때려 보자'라는 결심을 다지며 방으로 들어섰다. 방문을 열자마자 주먹을 휘두르려고 큰스님의 얼굴을 쳐다보는 순간, 쩌렁쩌렁한 소리가 방 안을 가득 메웠다.

"뭐냐, 이놈아!"

벽력같은 고함에 그만 풀썩 주저앉고 말았다. 한참을 정신 차리지 못하고 어리벙벙히 앉아 있었다. 아주 멀리서 들려오는 듯한 큰스님의 부드러운 목소리가 귀에 들어왔다.

"이놈아, 그게 공부가 아이다. 공부가 아이란 말이다!"

내 속마음을 어떻게 알고 그러는 것일까. 경황 중에 겨우 정신을 차려 그동안의 얘기를 주섬주섬 엮어 나갔다. 손톱을 태우던 고통과 결심에도 불구하고 공부에 진전이 없었던 일에서부터, 추위에 떨며 금산재를 넘어오다 겪었던 신비 체험에 이르기까지. 큰스님은 계속 빙그레 웃으시며 쳐다보다가 한마디 던지셨다.

"나가 쉬어라. 그건 옳은 공부가 아이다. 헛 경계가 나타난 거지. 여기서 하루 자고 가거라."

"예."

방에서 물러나올 때까지도 약간 멍멍했다. 저녁 무렵 큰스님이 찾으신다는 전갈이 왔다. 큰스님이 곧장 물어 왔다.

"니 중 안 될래. 고만 중 되라."

생각지도 않았던 일이다. 펄쩍 뛰는 속마음을 감추지 않는 단호한 대답이 불쑥 튀어나왔다.

"제가 불교에 대해 알고 싶어하고, 또 참선이 뭔지를 알고 싶은 것은 사실입니더. 그렇다고 출가할 생각은 정말 겨자씨만큼도 없습니더."

큰스님은 껄껄 웃으셨다. 푸근한 목소리가 이어졌다.

"그래, 이놈아, 나이 서른이 다 돼서 세상에서 뭐 할 거고. 부처님 제자가 돼 살아가는 것도 뜻이 있는 기라. 내가 괜히 너보고 중 되라고 하겠나. 나는 함부로 남보고 중 되라고 안 한데이. 세상살이가 좋은지, 백련암에서 참선 잘해 도 닦는 것이 좋은지 잘 생각해 봐."

대답을 않고 방에서 물러나왔다. 저녁 예불을 마치고 객실에 앉아 있으니 기분이 이상해졌다. 이런저런 상념에 잠겼다. '지금 당장 내려가 버릴까' 하는 마음과 '남에게 함부로 중 되란 말을 안 한다던데, 나는 정말 출가할 팔잔가' 하는 마음이 오락가락했다. "나이 서른이 다 돼서 세상에서 뭐 할 거고"라는 대목이 자꾸만 마음에 걸렸다.

출가를 결심하다

뒤숭숭한 밤을 보내고 아침 공양도 하는 둥 마는 둥 했다. 오락가 락하는 내 마음을 아시는지 성철스님이 일찍부터 시자를 보내 찾았 다. 스님은 뭔가 흐뭇해하는 표정으로 물었다.

"그래, 출가하기로 마음묵었나?"

출가라는 것이 가벼운 일이 아니기에 결심이 서지 않는 한 확답을 해선 안 되었다.

"아무리 생각해도 출가할 마음이 나지 않습니다. 여기 올 때는 큰 스님 한번 뵙고 간다고만 생각했지 출가할 생각으로 온 것은 아닙니 더."

불같은 성미에 벼락같이 소리치던 성철스님답지 않게 끈기 있게 설 득해 보겠다는 자세를 보였다.

"아이다, 한번 잘 생각해 보거래이. 중 노릇도 잘하면 해볼 만한 기 라. 이놈아, 내가 아무나 보고 중 되라카는 줄 아나?"

뭔가 확신을 가진 말투였다. 형형한 눈을 부라리듯 하며 나를 바라 보았다. 차마 그 자리에서 "그래도 안 됩니더"란 대답을 할 수가 없었 다. 즉답을 피하기 위해 "그럼 나가서 한 번 더 생각해 보겠습니더" 하고는 물러나왔다. 스님의 목소리가 뒤통수를 때렸다.

"그래! 그래! 한 번 더 자알 생각해 보거래이."

객실로 돌아와 곰곰이 생각에 잠겼다. 도道 높은 스님께서 중이 되라고 하실 때는 뭔가 뜻이 있을 터였다. 고령 금산재를 넘으며 신비 체험을 한 기억도 범상찮게 느껴졌다. 어느 순간부터 '큰스님을 따라 출가하면 도를 이룰 수 있을까?' 하는 생각이 솔솔 들기 시작했다.

마침내 '서른 살이 다 돼 가는 놈이 세상에 살면 뭘 얼마나 하고, 또 얼마나 출세하겠는가' 하는 마음이 들었다. 큰스님을 찾아갔다.

"큰스님, 스님의 가르침에 따라 저도 출가하기로 결심했습니더!"

큰스님은 빙긋이 웃고는 "그럼, 그래야지" 하며 연신 고개를 끄덕이셨다. 뭐가 그리 즐거운지 "그럼, 어서 서둘러라. 다시 대구에 갈 것 없지"라며 연신 재촉했다. 하지만 정작 나에게는 착잡한 마음이 여전히 남아 있었다. 그래서 정리하기 위해 대구에 다녀오겠다고 말미를 구했다. 스님은 아쉬우면서도 불안한가 보다.

"그래, 그러면 너무 늦지 말고, 일주일 안에 돌아와야 된데이."

큰스님에게 다짐을 하고 대구로 돌아왔다. 하지만 막상 돌아와 보니 '내가 어디서 뭘 하고 왔지' 하는 생각도 들고 당황되기 시작했다. 친구들을 찾아 출가에 대해 의논해 보기로 마음먹었다. 나를 백련암에 처음 데려간 친구를 찾아갔다.

"나는 인제 출가할란다."

예상했던 대로 친구는 펄쩍 뛰었다.

"안 가면 그만이지. 큰스님이 널 잡으러 오겠냐. 가지 마라."

다시 마음이 흔들렸다. 그래서 그 친구와 그날 밤 늦게까지 얘기를 나누다 새벽 무렵 같이 잠이 들었다. 다음 날 아침, 친구에게 "내가 안 보이면 백련암으로 출가한 줄 알아라" 하고 얘기하곤 집으로 돌아왔다.

며칠을 두문불출하다가 드디어 결심을 했다. 이왕 마음먹은 일이고 큰스님과 약속한 일이다. 이제는 부모님께 어떻게 말씀을 드리고 집을 나갈까 하는 것이 가장 큰 문제였다. 출가한다고 하면 분명히 반대하실 부모님이다. 일단은 거짓말을 하는 수밖에 없었다.

"저번에 백련암에 갔더니 큰스님께서 그곳에 와서 공부하면 성공할 것이라고 하셨습니다. 그래 한 1년 백련암에 가서 공부하고 오겠습니다."

어머니는 "그래, 가서 공부 많이 하고 오너라" 하고 말씀하시는데, 아버지는 얼굴색이 달랐다. 공부하고 오기는 오는 것이냐며 묻는 아버지의 얼굴에는 서운한 기색이 역력했다. 거짓말을 한 탓에 집에서 나올 때는 책을 가득 넣은 가방 두 개를 짊어지고 나와야 했다. 출가하면 필요 없는 물건인데 어쩌다 보니 백련암까지 들고 왔다. 백련암 일주문 앞에 당도해서야 비로소 마음을 굳게 먹었다.

"이제 도를 이룰 때까지는 이 길을 다시는 내려가지 않을 것이다."

이만일천 배의 엄명

성철스님과 약속한 일주일 기한을 며칠 넘기고 백련암에 도착한 날, 먼저 큰스님에게 절을 올렸다.

"오긴 왔구만. 그래도 약속은 지킨 셈이 됐네."

큰스님은 뒤늦게 온 나를 반갑게 맞아주었다. 그러고는 곧바로 엄명이 떨어졌다.

"내일부터 일주일 동안 매일 삼천 배 기도를 하거래이. 새벽 예불하고 나서 일천 배, 아침 공양하고 일천 배, 점심 공양하고 일천 배. 그렇게 매일 삼천 배 기도를 일주일 동안 다 하고 나서 보자."

일만 배를 제대로 채우지도 못하고 기진맥진했던 게 엊그제 같은데, 일주일 동안 이만일천 배를 어떻게 하란 말인가. 속으로 '절에 들어와서 머리 깎으면 그만이지, 또 무슨 절을 그렇게 많이 하란 말인가' 하는 생각이 들었다. 그렇다고 출가에 대한 결심을 바꿀 수는 없었다. "예" 하고 물러나와 원주스님(절의 살림살이를 책임진 스님)을 따라 객실로 갔다. 이만일천 배를 마쳐야 삭발을 하고, 스님이 되기 위한 예비 첫 단계인 '행자'가 된다고 한다.

1972년 1월 중순, 한겨울 산중엔 밤낮없이 칼바람이 불어댔다. 그 중에서도 새벽 3시 기상 시간의 삭풍은 정말 견디기 힘들었다. 일어나자마자 주전자 모양의 차관에 물을 담아 영자당에 있는 다기(청정수를 담는 그릇)에 물을 올리고 절을 하는 것이 하루 일과의 시작이다. 어찌나 추웠던지 절을 시작하고 얼마 지나지 않아 살얼음이 생기고, 절을 마칠 무렵이면 물이 꽁꽁 얼면서 부풀어올라 터졌다.

그런 엄동설한에, 그것도 세속에선 한창 단잠에 빠져 있을 새벽 시간에 절을 하려니 여간 고역이 아니었다. 약속대로 매일 삼천 배씩 하기를 사흘, 온몸의 근육이 아파 움직이기조차 힘들었다. 결리지 않는 곳이 없고 손과 발은 푸르뎅뎅해졌다. 저녁 무렵이 되자 온갖 상념이 머리를 어지럽혔다.

'백련암으로 출가했다간 평생 절만 하는 것 아닌가. 이렇게 힘든 절을 계속 하다가는 사람 죽어나가게 생겼구먼, 차라리 세상에 나가 그 정성으로 열심히 살면 크게 출세할 수 있겠다.'

나를 가장 섭섭하게 했던 사람은 바로 성철스님이었다. 중 되라고 할 때는 그렇게 자상해 보이던 큰스님이었는데 완전히 달라졌다. 절을 하고서 다리를 풀려고 마당을 거닐고 있던 중 큰스님과 마주쳤는데 언제 보았냐는 식으로 눈길 한 번 주지 않는 것이었다. 잠들기 직전 마음을 바꾸기로 했다.

'에이, 내일 아침 도망가 버리자.'

희한한 일이 벌어졌다. 그날 꿈속에 눈썹이 허연 노스님 7~8명이 나타났다. 노스님들이 한 사람씩 자신을 소개하는데 하나같이 불교사史에 쟁쟁한 선사들이었다.

그런데 그들이 모두 "도망가지 말고, 기도 끝내고 중 노릇 잘해라" 하고 당부하는 것이 아닌가. 화들짝 놀라 잠을 깼다. '도망갈 생각을 하니까 별 이상한 꿈도 다 꾼다' 며 잠시 앉았다가 다시 잠이 들었다. 평소처럼 일어나 새벽 기도를 끝내고 아침 공양도 마쳤다. '도망갈 때는 가더라도 밥 먹은 큰방 청소나 해주고 가야지' 하는 생각에서 물걸레를 들고 방바닥을 밀고 있었다. 그런데 갑자기 큰스님이 방문을 열고 들어오셨다.

"이놈아, 도망가야지. 와 아직 도망 안 가고 여기 있노."

당황하지 않을 수 없었다. 속내를 들켰으니 무안하기도 했다. 뭐라 달리 빠져나갈 말이 없었다.

"스님, 절하는 것이 너무 힘들어 정말로 도망가려고 짐을 싸두었습니더. 그런데 스님께서 이렇게 훤히 알고 계시니, 도망갈 생각을 접고 열심히 절하겠심더."

죄송한 마음에 고개를 숙이는데 큰스님이 빙긋이 웃으셨다.

"절하는 사람 다 힘들지. 힘 안 드는 사람이 어데 있겠노. 그래도 열심히 절해 기도를 마치거래이."

나는 다시 영자당으로 올라갔다.

중노릇 쉬운 것 아이다

"내일이 동지 보름이니, 이왕 하는 김에 좋은 날 삭발하지요."

우여곡절 끝에 이만일천 배를 마치자 원주스님이 삭발 날짜를 잡았다. 백련암에서는 성철스님의 뜻에 따라 삭발과 관련된 모든 의식을 없앴다. 대야에 물을 떠놓고 원주스님이 직접 가위를 들고 긴 머리카락을 대강 자른 다음 바리캉으로 밀었다. 마지막엔 면도로 한 올의 머리카락까지 깨끗이 걷어 냈다. 삭발이 끝난 뒤 원주스님이 머리카락을 싼 종이를 내밀었다.

"이 긴 머리카락은 속세와 절연하는 상징이니 행자가 태우든지 말든지 하이소."

혹자는 눈물이 솟는다고도 하는데, 나는 그저 담담했다.

"제 몸에서 떠났으면 그만이지요. 제가 또 어디에 버리겠습니꺼? 원주스님이 다른 행자들에게 하는 대로 하시지요."

머리를 감느라 맨머리를 만지니 기분이 약간 이상했다. 딱딱하고 까슬까슬한 촉감이 느껴졌다. '나도 이제 스님이 되기는 되는 모양이다'라는 생각이 들었다. 삭발을 함으로써 얻은 '행자'라는 이름은 '출가를 결심하고 절에서 허드렛일을 하는 예비승'을 가리키는 말이다.

큰절로 내려가 법문을 하고 올라오던 성철스님이 내 모습을 보고는 빙그레 웃으시며 방으로 따라 들어오라고 손짓을 했다. 삼배를 하고 꿇어앉았다. 큰스님의 표정이 출가를 권하던 당시의 자상함으로 바뀌었다.

"니도 이제 중 됐네. 그런데 머리만 깎았다고 중 된 것 아니제. 거기에 맞게 살아야제. 중은 평생 정진하다가 논두렁 베고 죽을 각오를 해야 된다 아이가. 중 노릇이 쉬운 거는 아이다, 알겠제."

방금 삭발하고 뭐가 뭔지도 모르는 상황에서 법문을 해주시니 무슨 소리인지 제대로 귀에 들어오지 않았다. 그저 대답만 "예" 했을 뿐, 시종 '내가 진짜 중이 되기는 된 것인가' 하는 의아함이 마음속에서 떠나지 않았다.

"절한다꼬 수고 많았다. 며칠 쉬거라."

물러나와 큰스님의 말씀을 원주스님께 전했다. 원주스님은 영 못마땅한 얼굴이었다. 뒷방을 하나 배정 받아 며칠 동안 정말 아무 일도 하지 않고 지냈다. 밥 먹고 누우면 바로 잠이 들었다. 이만일천 배의 피로와 긴장이 한 올씩 몸에서 빠져나가는 느낌이었다. '스님들 생활이 이렇게 편하고 좋은 것이구나' 하며 온몸이 풀어져 있을 때 원주스님이 우물가로 불렀다.

"지금 절에 공양주(밥 하는 사람)가 없으니 이제 행자가 공양주 노릇을 해야겠소."

행자로 받은 첫 소임은 부엌일이었다. 원주스님이 조리와 쌀 한 되를 내주면서 저녁 공양을 위해 쌀을 씻어 보라고 했다. 나는 일순 당황했다. 이런 일을 하려고 출가한 것이 아니지 않은가?

"원주스님, 지금까지 내 손으로 밥 해본 적이 한 번도 없습니다. 밥

하려고 절에 들어온 것도 아니고, 밥 할 사람이 없으면 식모를 한 사람 두면 되지 않습니꺼?"

이번에는 원주스님이 어리둥절해하는 표정이다.

"큰스님께서 불교를 좀 아는 놈이 온 것 같다고 하시기에 잘 봐주려고 했더니만, 절 살림에 대해서는 영 깡통이구만. 큰스님께서 일절 부엌에 여자를 두지 말라고 하셨는데 어떻게 식모를 두겠소. 아주 똑똑한 행자 다 보겠네."

원주스님은 이상한 놈이라며 영 못마땅하다는 표정이었다. 지금 생각해 보면 확실히 이상한 행자였다. 그렇지만 당시는 정말 막막했다.

지금이야 전기밥솥에 쌀과 물만 넣으면 밥이 되지만 당시에는 조리로 쌀을 일어 돌을 가려내고, 무쇠솥에 불길을 골라가며 밥을 지어야 했다. 큰 바가지에 쌀을 붓고 물로 몇 번 헹궜다. 이어 조리질을 한다고 했는데 쌀이 어디로 도망가는지 빈 조리만 헛바퀴를 돌았다.

행자 생활의 시작

"니 지금 뭐 하노?"

성철스님의 목소리가 뒤에서 들려왔다. 저녁밥을 짓기 위해 할 줄 모르는 조리질을 하느라 샘가에서 끙끙거리고 있을 때였다. 반가운 마음에 불평 겸 하소연을 했다.

"원주스님이 갑자기 불러내더니만, 오늘 저녁부터 공양주 노릇을 하라고 해서 지금 조리질하고 있심더."

큰스님에 대한 예의는 갖추었지만 목소리엔 불만이 잔뜩 담겨 있었다. 큰스님은 새까만 행자의 그런 마음을 알고 있다는 듯 호탕하게 웃으셨다.

"하하, 이놈아, 니도 묵고 노는 것이 중인 줄 알았제. 그게 아이고, 혼자 사는 게 중인 기라. 밥 할 줄 모르고, 반찬 할 줄 모르고, 빨래할 줄도 모르면 우째 혼자 살겠노. 혼자 사는 법을 배우기 위해서라도 밥하고 반찬 하는 것은 지가 할 줄 알아야제. 그래서 공양주 시키는 것인데 알지도 못하고 불만만 해, 이 나쁜 놈아!"

웃음으로 시작된 말씀은 호통으로 끝났다. 출가하기만 하면 방 주고, 밥 주고, 옷 주고, 그래서 자기 시간만 가지는 편안한 생활인 줄 알았는데……. 당시엔 후회스러운 마음이 들기도 했다. 20년 가까운 세월이 흐른 지금도 때때로 '아무것도 모르고 절에 들어왔기에 망정이지, 절 살림살이를 시시콜콜 알았다면 출가를 결심할 수 있었을까' 하고 자문해 보기도 한다.

나는 너무 아무것도 모른 채 출가를 했다. 오로지 도를 얻겠다는 마음만 있었을 뿐이다. 더욱이 대구에서만 살아 산중의 생활방식이 전혀 몸에 맞지 않았다. 그런 나를 출가시킨 큰스님도 불안하긴 마찬가지였나 보다.

그럭저럭 공양주 생활을 익혀 가던 어느 날 원주스님이 키를 가지고 왔다. 키질을 해서 쌀에 섞인 지푸라기와 잡동사니를 바람에 털어내고 잔돌을 가려내는 것은 확실히 조리질보다 어려운 기술이었다. 원주스님의 솜씨는 대단했다. 키에다 쌀을 붓고 휙 쳐 올리면 쌀이 1미터쯤 높이 공중으로 올라가면서 순식간에 지푸라기 같은 가벼운 이물질들이 바람을 타고 다 달아나 버린다.

그러나 나는 10센티미터도 채 쳐 올리지 못했다. 게다가 키질을 잘 못하는 바람에 쌀이 밖으로 떨어져 키 안에 있는 쌀보다 마당에 쏟아진 쌀이 더 많았다. 그날도 키질을 엉성하게 하다가 또 쌀을 마당에 쏟았다. 큰스님이 어느 사이엔가 나타나 쌀을 급히 주워 담고 있는 모습을 물끄러미 바라보고 계셨다.

"니도 어지간히 재주 없는 놈인갑다. 다른 행자들은 얼른얼른 배우는데, 니는 지금 열흘이 지나도 우째 그 모양이노. 헛 참……."

큰스님이 혀를 차며 방으로 들어가시는데 몸 둘 바를 몰랐다. 큰스님은 내가 모르는 사이 나를 지켜보고 계셨던 것이다. "저놈이 제대로 산중 생활에 적응이나 할는지……" 하는 배려를 느낄 수 있었다.

나에게 가장 힘든 일은 바로 큰스님 뵙기가 쉽지 않다는 점이었다. 백련암에 살게 되면 언제라도 큰스님을 만나 이것저것 궁금한 것을 수시로 여쭤 볼 수 있을 것이라고 생각했었다. 그런데 행자에게는 그것이 용납되지 않았다.

　어쩌다 마당에서 큰스님을 뵈면 간단히 몇 말씀 여쭤 볼 수는 있다. 그러나 따로 큰스님을 뵈려면 우선 시자스님을 거쳐야 한다. 시자스님은 왜 스님을 뵈려 하느냐, 무엇을 여쭈려 하느냐, 무슨 급한 일이냐 등등 캐묻게 마련이다. 그때 딱히 '이것 때문'이라고 말할 수 있는 이유를 대기가 쉽지 않았다. '차라리 출가하지 않고 세속에 살다가 궁금한 것이 생기면 큰스님을 찾아와 요긴하게 문답을 주고받고 하는 것이 더 낫지 않았을까' 하는 생각이 들기까지 했다. 스님도 아니고 속인도 아닌 행자 생활은 그렇게 힘든 삶이었다.

큰스님 환갑날

행자 생활에서 가장 답답했던 점은 말 상대가 없다는 것이었다. 행자가 공경해야 할 스님들에게 먼저 이야기를 걸 수도 없고, 스님들 또한 행자라는 존재에 전혀 관심도 없다는 듯 아예 말을 걸어 오지 않았다. 그렇지만 처음 절 생활을 하는 입장에선 모든 게 궁금할 수밖에 없었다.

그나마 내 입장에서 가장 얘기를 건네기 쉬운 상대는 나보다 몇 달 먼저 출가한 채공菜供(스님들이 먹을 반찬을 만드는 직책) 행자였다. 출가의 계기를 만들어 주었던 친구 스님도 있었지만 그는 스님이고 나는 행자였다. 친구 스님 역시 나를 불러 위로도 해주고 모르는 것은 가르쳐 줄 만도 한데 안면몰수하다시피 냉담했다.

채공은 행자 중에서도 바쁜 소임이다. 반찬을 보통 서너 가지를 해야 하기 때문에 식사 준비 시간이 되면 칼질하랴, 불 때랴, 나물 볶으랴 매우 바삐 움직였다. 그렇지만 염치 불구하고 나는 끼니때마다 채공에게 쌓였던 질문을 퍼부어댔다. 하루는 채소를 다듬던 채공 행자가 부엌칼을 도마 위에 콱 꽂으며 나지막이 외쳤다.

"한 번만 더 물으면 가만두지 않을 거야."

이후로 나는 채공 행자에게도 더 이상 묻지 못했다.

성철스님의 환갑은 나를 무척 답답하게 만들었던 일로 기억된다. 나이 지긋한 여성 신도 한 분이 멀리서 찾아와 성철스님을 뵙고 간 날 저녁이다. 원주스님이 테플론 섬유로 만든 옷 한 벌씩을 스님 모두에게 나누어 주었다. 광목으로 만들어 여기저기 기운 옷을 받아 입고 살면서 '절에선 모두 이런 옷만 입고 사는가 보다' 하고 생각하고 있었는데, 양복감으로 된 새 옷을 나누어 주니 어리둥절했다.

그래서 원주스님에게 "왜 이런 새 옷을 주십니꺼?" 하고 물었다. 나를 더 어리둥절하게 만든 것은 원주스님의 대답이었다.

"옷을 주기는 줬지만 앞으로 절대 입지 마시오."

옷을 주면서 입지 말라니 도대체 무슨 말이냐며 다시 캐물으니 원주스님은 귀찮아하는 눈치면서도 설명을 해주었다.

"그 행자 참 질기구만. 내일이 큰스님 환갑이라, 스님들 입으라고 신도님이 옷을 해가지고 와서 나누어 준 것이오. 그렇지만 내일 그 새 옷을 입고 나가면 큰스님께서 절 밖으로 쫓아낼 터이니, 내가 입으라 할 때까지 절대 입지 말란 말이오. 알겠소?"

원주스님은 몇 번이고 다짐을 받았다. 그래도 여전히 이해가 되지 않는 구석이 많았다.

'내일이 큰스님 환갑이시라면 잔칫상을 준비해야 하지 않는가. 밤이 늦었으니 지금부터라도 서둘러야 할 터인데……. 그런데 여태 환갑 잔치 준비하는 낌새조차 없는 걸 보니 내일 신도들이 한상 잘 장만해 오는가 보다.'

다음 날 아침상은 평소와 다르지 않았다. '점심 때 신도들이 잔칫상을 만들어 오려나' 하는 생각에 점심 시간을 기다렸다. 점심도, 저녁도 아무런 변화 없이 그렇게 성철스님의 환갑은 지나가 버렸다. 큰 스님이라서 굉장한 환갑 잔치가 벌어질 줄 알았는데 오히려 평일보다 더 조용하고, 또 뭔가 조용조용 긴장하며 지내는 모습이 잔치와는 영 거리가 멀었다. 성철스님의 생신은 음력 2월 19일이었다.

나중에야 알게 됐는데, 성철스님은 출가 이후 한 번도 생일상을 받은 일이 없다는 것이다. 1950년대 말 큰스님이 대구 팔공산 성전암에 머물 당시 일화가 유명하다. 몇몇 신도들이 큰스님 생일을 맞아 과일 등 먹거리를 한 짐 지고 성전암을 찾아와 상을 차렸다가 쫓겨났다고 한다.

성철스님은 누가 생일 얘기라도 하면 "중이 무신 생일이 있노"라며 꾸짖곤 하셨다. 생일이란 속세의 일, 출가한 승려에겐 이미 끊어진 인연이기에 아무 의미가 없다는 가르침이다.

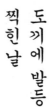

도끼에 발등 찍힌 날

　어설픈 행자 시절, 성철스님의 꾸중엔 은근한 사랑과 관심이 담겨 있었기에 누구보다 많은 꾸중을 들으면서도 그럭저럭 지낼 수 있었다. 내가 스님에게 가장 큰 꾸중을 들은 것은 행자가 되고 얼마 지나지 않아서였다.

　지금은 백련암에도 전기가 들어오고 기름 보일러 시설이 갖춰져 살림에 큰 불편이 없지만 30년 전엔 전기도 보일러도 없었다. 때문에 땔감 장만은 산중 절간에서 가장 큰 일거리였다. 아침 공양을 마친 스님들이 톱과 낫, 도끼를 들고 산으로 올라가는 것이 일과의 시작이었다. 이른바 산사의 공동 작업인 울력이다. 하지만 나는 워낙 그런 일에 서툰데다 큰 나무가 쓰러지는 소리가 무서워 스님들이 나무하러 가는 데 따라가지 않았다. 그러니 자연히 절에는 성철스님과 나만 남게 되었다.

　혼자 좌선한답시고 앉아 있으면 어쩌다 한 번씩 큰스님이 문을 열어 보곤 하셨다. 며칠간 아무런 말씀이 없기에 '나 혼자 이렇게 방을 지키고 앉아 있어도 되나 보다' 하고 안심하고 있었다. 그러던 어느 날이었다. 여느 때와 달리 문이 요란하게 열리더니 큰스님이 눈을 부릅뜨고 들어오셨다.

"니는 도대체 어떤 놈이고? 가만 보자 하니, 다른 대중들은 다 울력 가는데 어제 절에 들어온 놈이 방에 앉아 있어? 당장 일어나 산에 올라가! 대중 울력에 나가란 말이다! 이런 염치없는 놈이 어데 있노. 앞뒤가 꽉 막힌 놈이네."

말이 별로 없는 스님, 간혹 꾸중을 하더라도 짧은 한마디로 끝내던 스님이 평소와 달리 긴 호통을 치셨다. 산중에 산다는 것은 공동 생활을 의미하고, 울력이란 수행 공동체를 유지시켜 가는 가장 기초적인 노동이다. 하물며 고된 일을 도맡아야 할 행자가 울력에 빠진다는 것은 참으로 당돌한 생각이었다. 나는 당장 그날부터 어설픈 나무꾼이 되어야 했다.

산에서 나무를 잘라 오면 다시 도끼로 패서 부엌 아궁이에 넣기 좋을 만하게 쪼개야 한다. 도끼질이 숙련된 스님들이 한 번 도끼를 휘두를 때마다 참나무 둥치가 쫙쫙 갈라지는 것은 옆에서 보기만 해도 신이 난다. 일이 서툰 나는 스님들이 쪼갠 나무를 주워다 쌓는 일을 주로 했다. 하루는 스님들이 도끼질 하는 모습이 어찌나 신나게 보이던지 '나도 한번 해볼까' 하는 마음이 절로 생겼다. 팔뚝만한 참나무 가지를 하나 세워 놓고 도끼를 휘둘렀는데 그만 둥근 나무에 빗맞으면서 도끼가 내 발등으로 떨어졌다. 꿍 하는 소리와 함께 눈앞이 캄캄해졌다. 털썩 주저앉고 말았다. 믿는 도끼에 발등 찍힌다고 했는데, 나는 내 실력을 알기에 믿지도 않았고 또 조심스럽게 내리쳤는데……. 몇몇 스님이 내 발등을 들여다보며 하는 말이 아득하게 들렸다.

"천만다행이네. 도끼 날이 무뎠는지, 행자 도끼질 솜씨가 형편없어서 그랬는지 찍기는 찍었는데 터지지는 않았네."

얼마 지난 뒤 정신을 차리고 양말을 벗어 보니 발등에 주먹만한 혹이 시꺼멓게 솟아올랐다. 욱신거리는 발로 일어나기조차 힘들었다. 새까만 행자가 업어 달라고 할 수도 없고, 혼자 절뚝거리며 내려와 샘가에서 찬물에 발을 담그고 상처를 주물렀다.

'아무리 그래도 도끼에 발등이 찍혔는데, 아프냐고 물어보는 스님도 하나 없구먼. 참 절집 야속하다.'

섭섭한 마음을 억누르며 한참 주무르고 있으니 통증이 조금씩 가라앉았다. 그때 큰스님이 어느새 나타나 물었다.

"오늘은 또 무신 일이고?"

"아, 아무것도 아닙니다."

"뭐가 아무것도 아이고. 발등에 그 시커먼 혹은 와 생겼노?"

달리 둘러댈 말도 없어서 "도끼로 발등을 찍었심더" 하며 말꼬리를 흐렸다. 사정을 짐작했다는 듯 성철스님이 혀를 쩝쩝 다시며 한마디 던졌다.

"니는 참 희한한 놈이다."

짧은 핀잔, 그 속에서도 큰스님의 두터운 정이 묵직하게 느껴졌다.

백련암 연등 없는

공양주로서 밥 지으랴, 나무 울력 나가랴, 철철이 농사 지으랴……. 짬짬이 예불하고 참선을 한다고 하지만 몸이 피곤하다 보니 공부가 쉽지 않았다. 아침 먹고 울력, 점심 먹고 울력, 저녁 예불을 마치고 비로소 좌복(좌선할 때 깔고 앉는 큰 방석) 위에 앉으면 몸이 천근만근이다.

산사의 취침 시간은 저녁 9시, 기상 시간은 새벽 3시다. 처음 출가해서는 저녁 9시에 잘 수가 없었다. 속세에 살 무렵에는 거의 12시가 넘어서야 자곤 했으니 초저녁에 잠이 올 리가 없었다.

이리저리 뒹굴다 보면 금방 잠든 것 같은데 새벽 3시 기상종이 울린다. 억지로 일어나 눈을 비비며 세수하러 나오면 벌써 큰스님 방에선 우렁찬 백팔 배 예불 소리가 울려퍼진다.

"대자대비 민중생, 대희 대사……."

큰스님의 염불 소리에 덜 깬 잠이 화들짝 달아난다. 그렇게 아침 예불을 올리고 하루를 시작하니 낮에는 잠이 그렁그렁 고였고, 심할 때는 연신 하품만 하는 날도 많았다. 그렇다고 행자가 뒷방에서 낮잠을 잔다는 것은 생각도 못할 일이었다.

"행자가 낮잠 자다 큰스님께 걸리면 당장 그날로 보따리를 싸야 한다"는 원주스님의 공갈 아닌 공갈이 있었기에 낮잠은 꿈도 못 꾸었다. 책상 앞이나 좌복 위에서 조는 것이 고작이었다.

그런 가운데 출가하고 처음으로 '부처님오신날'을 맞았다. 절에서는 가장 큰 잔칫날이다. 보통 연등 준비로 한창 분주할 텐데 백련암에서는 전혀 그런 모습을 볼 수 없었다. 너무나 궁금해 원주스님에게 묻지 않을 수 없었다.

"왜 백련암은 4월 초파일에 등 달 준비를 하지 않습니꺼?"

"등을 달지 않는 것이 큰스님 뜻이니까!"

도무지 이해가 되질 않았다. 그렇다고 또 꼬치꼬치 캐물을 수도 없었다. 사실 연등을 다는 것은 축원의 의미와 함께 시주의 의미가 적지 않다. 그런데 성철스님은 웬일인지 백련암에 연등을 달지 못하게 했다. 연등을 꼭 달겠다는 사람이 있으면 큰절에 가서 달라며 내려보내곤 했다. 연등을 달고자 하는 신도들의 불심은 이해하면서도 자신이 거처하는 암자에 연등을 즐비하게 달아 놓는 것은 꺼린 탓이다. 그런 큰스님의 뜻에 따라 백련암엔 요즘도 연등을 달지 않는다.

부처님오신날 당일, 원주스님은 나와 채공 행자 두 사람을 불러 이렇게 말씀하셨다.

"오늘은 초파일이고, 또 그동안 두 행자가 고생도 많았으니 큰절에 가서 초파일 풍경이나 둘러보며 좀 쉬고 오시오."

큰절에 내려가니 줄줄이 수천 개의 등이 걸리고 참배하는 신도들이 북적거리고 있었다. 우리는 남의 집 일인 양 여기저기 몇 번 기웃거리다가 백련암으로 돌아왔다. 나는 백련암으로 오르는 오솔길로 접어들면서 뒤따라오는 채공 행자에게 또 이것저것 궁금한 것들을 쉴새없이 물어봤다. 뒤돌아보며 한참 말을 걸고 있는데, 갑자기 채공 행자가 손가락질을 하며 소리쳤다.

"공양주 행자 앞에 뱀……."

고개를 돌리며 "어디?"라고 묻는 순간 내딛던 발 아래 뭉클 하고 뭔가가 밟혔다. 동시에 발등이 따끔했다. 놀라 아이쿠 하면서 제자리에서 발을 엇바꾸며 동동거렸다. 발을 감았던 서늘한 무엇이 풀리는 기분이었다.

뒤에서 그 광경을 바라보던 채공 행자가 쫓아와 방금 독사가 물고 갔으니 빨리 양말을 벗고 독을 빨아내야 한다며 독촉을 했다. 물린 발 쪽의 양말을 벗어 보니 뱀 이빨 자국이 세 군데나 선명하게 나 있었다. 채공 행자는 독사가 틀림없다면서 이빨 자국에 자기의 입을 갖다 대고 열심히 빨기 시작했다.

"세상에, 우째 나한테 이런 일이……."

큰스님의
사투리 설법

도시를 떠나 산에 살게 되면서 내심 걱정이 많았었다. 뱀에 물리지 않을까, 큰 짐승이 나타나지 않을까, 옻나무가 많은데 옻이나 오르지 않을까 등등 모든 것이 걱정거리였다. 그런데 오솔길을 가다가 한눈 파는 사이에 기어이 뱀에게 물리고 만 것이다.

허벅지 위를 허리줄로 묶고 산 아래 약국으로 내려갔다. 약사가 뱀에 물리는 순간 앞이 캄캄하더냐고 물었다. 그렇게 캄캄하고 아득한 느낌은 없었다고 하자 그러면 독사가 아니니 안심하라고 했다. 크게 가슴을 쓸어 내렸다. 나는 이빨 자국 난 곳에 소독약을 바른 후 다시 백련암으로 올라왔다.

그런데 정작 뱀에 물린 나는 괜찮은데 입으로 독을 빨아 낸 채공 행자의 입 주위에 오톨도톨한 물집이 생겨나기 시작했다. 아무리 독사가 아니라 해도 독 성분이 있었나 보다 싶어 여간 미안하지 않았다. 하지만 사흘 정도 지나니 물집은 사라졌다.

뱀에 물려서가 아니라 나는 큰절에 내려가는 것이 별로 즐겁지 않았다. 무엇보다 곤란한 것은 동자승을 대하는 일이었다. 아무리 어린 동자승이라도 나보다 먼저 절에 들어왔으니 선배 스님이다. 서른이 다 된 행자지만 허리 굽혀 동자스님들에게 절을 해야 했다.

"큰절에 가면 나이가 아무리 어려도 스님들이니 행자는 허리를 90
도로 팍 꺾어 절을 해야 해요. 그렇지 않으면 큰절 스님들이 가만두지
않을 거요. 스님이 보이면 노인이건 어리건 무조건 절부터 하는 것을
잊지 마시오."

원주스님이 큰절에 내려보내면서 항상 잊지 않는 당부 겸 공갈 겸
다짐이다. 아무리 그래도 말이 쉬워 90도로 절하기지, 막상 막내동생
이나 조카쯤 되는 어린 스님을 보면 도저히 허리가 굽혀지지 않았다.
엉거주춤하는 사이 어린 스님들이 지나가며 째려보는 품이 영 심상치
않았다. 한참을 다짐하고 진짜 허리를 90도로 꺾어 동자스님에게 겨
우 절을 해봤다. 아무래도 어색했다.

하안거夏安居(여름철 칩거하며 수행하는 것) 때는 큰절 대적광전 큰법
당에서 대중스님들이 운집하여 큰스님 법문을 듣지만, 겨울에는 날
씨가 추워서 큰법당 대신 궁현당이라는 강원 교실로 쓰는, 불 때는 큰
방에서 큰스님 법문을 들었다. 그때 마침 탄허 큰스님께서 현토하신
《덕이본 육조단경六祖壇經》을 교재로 하여 법문을 하셨다.

큰절에서 법문하시는 형식은 대중들이 함께 법문 청하는 의식을 한
후에 강원스님 두 분이 큰스님 앞에 나아가 삼배를 드린 뒤, 큰스님을
법문하시는 높은 법상 위에 모셔 앉으시게 한 후 전체 대중이 삼배를
드리는 것이다. 그리고 잠시 입정入定이라 하여 1분 이내의 짧은 시간
동안 대중이 모여 묵연하게 마음을 가라앉히는 시간을 갖는다. 유나스
님이 죽비 세 번 울리는 것으로 입정에 들었다가 잠시 후 다시 죽비 세
번 치는 것으로 입정 시간이 끝나고 곧이어 큰스님께서 법문을 시작하
셨다.

해인사 대적광전에서 설법하시는 성철스님.
칠십 노구에도 쩌렁쩌렁한 목소리로 대중을 일깨우셨다(1980년대 중반).

높은 법상 위에 호랑이처럼 앉아 도도히 설법하시는 스님의 모습이 더욱 장엄하게 느껴질 정도로 분위기가 매우 엄숙했다. 그렇게 법상에서 도도히 설법하시는 스님의 모습을 나는 그때 처음 보았고 법문도 처음 들었다.

큰스님은 산중에 사셔서 그런지 고향인 경상도 산청 사투리를 쓰시며 사자후를 토하셨다. 같은 경상도지만 대구 출신인 나도 제대로 못 알아들을 심한 사투리로 법문을 하셨다. 그리고 얼마나 말씀이 빠르신지 앞말보다 뒷말이 먼저 튀어나오려고 다투는 듯 말씀이 굴러갔다. 그러니 법문하시는 말씀을 한 마디도 놓치지 않으려면 귀를 쫑긋 세워 말을 타고 달리듯이 말씀을 따라가야만 했다. 행자 신분이라 긴장도 되고, 법문을 간절하게 하시니 한 시간이 언제 지났냐는 듯 훌쩍 지나가 버렸다.

법문을 마치시고 법상을 내려오셔서 당신 자리에 서시면 회향게라 하여 대중스님들이 법문에 감사하는 게송을 합송함으로써 그날 법문은 끝나게 된다. 스님은 법문을 끝내면 대웅전 옆 방장실로 가 잠시 휴식을 취했다. 그냥 쉬는 시간이라기보다는 해인총림의 최고 지도자로서 중진 스님들의 문안을 받으며 절 살림살이 보고도 듣는 시간이다. 그럴 때면 나는 동자스님들과 마주치지 않으려고 멀리 돌아 방장실 쪽으로 올라가곤 했다.

한 시간쯤 지나면 큰스님은 어김없이 백련암으로 돌아가셨다. 1972년 당시 이미 환갑의 나이였는데도 성큼성큼 앞서가는 큰스님의 발걸음은 가볍기 그지없었다.

내가 오히려 숨이 차 헉헉거리기 일쑤였다. 숨가쁜 소리가 앞서가는 큰스님 귀에까지 들릴 무렵이면 어김없이 불호령이 떨어졌다.

"이놈아, 젊은 놈이 빨리 안 따라오고 뭐 하노?"

육조단경 설법

헉헉거리며 성철스님의 뒤를 따라 백련암에 올라오면서도 설법의 음성은 귓속을 떠나지 않았다. 큰스님의 법문은 여섯 번째 조상이란 뜻의 육조六祖, 즉 중국 선불교의 문을 연 달마대사를 첫 번째 조상으로 따졌을 때 그 법통을 이은 여섯 번째 스님인 혜능대사(638~713년)의 가르침에 관한 것이었다.

흔히 '육조 혜능'이라 부르는데, 그가 남긴 가르침을 정리한 책이 《육조단경》이다. 경經이란 원래 부처님의 말씀이란 뜻인데, 부처님의 말씀이 아니면서 경이라 불리는 것은 《육조단경》뿐이다. 그만큼 혜능대사의 가르침이 탁월했기 때문일 것이다. 성철스님은 선불교의 전통을 중흥시킨 혜능스님을 늘 자주 인용하셨다.

저녁 무렵 성철스님이 마당에서 산책하는 모습을 보고 달려갔다.

"큰스님, 오늘 하신 《육조단경》 법문 잘 들었습니다. 꼭 저를 위해 법문하신 듯해서 기분이 좋았습니다."

좋은 말씀에 대한 감사하는 마음으로 한마디 했는데, 큰스님이 갑자기 큰 눈을 더 크게 뜨시며 한참을 쏘아보셨다. 아니나 다를까 불호령이 떨어졌다.

"이놈아, 내가 어데 법문할 데가 없어서 니 같은 행자놈을 위해 법문했겠나? 자슥, 참 건방진 놈이네."

말이 떨어지기가 무섭게 어서 물러가라는 듯 손사레를 치셨다. 하지 않아도 될 말을 공연히 해 큰스님을 노엽게 했다 싶어 몹시 송구스러웠다. 그런데 저녁 예불을 마치고 나니 큰스님께서 찾으신다는 전갈이 왔다.

'또 얼마나 혼이 나려나?'

저녁 무렵에 있었던 일이 떠올라 덜컥 겁부터 났다. 방으로 찾아가 삼배를 하고 공손하게 앉았다.

"니 오늘 내 법문 듣고 어떻다 했제?"

영문도 모르고, 따로 꾸며서 할 말도 없어서 "꼭 저를 위해 법문해 주신 것 같습니더" 하고 반복했다. 큰스님은 답답하다는 표정으로 목소리를 높였다.

"그놈 참 맹랑하네. 그렇게 생각한 무슨 이유가 있을 것 아이가? 그 이유를 말해 보란 말이야! 이 맹추야."

더 움찔해져 우물쭈물하고 있으니 큰스님이 한마디 더 붙였다.

"나는 뭐 큰 '앎' 이라도 있어서 그렇게 말하는 줄 알았더니 아무것도 아이네. 나가 봐라!"

방을 나와 곰곰이 생각해 보았다. 뭔가 느낀 게 있어서 엉뚱한 소리를 했다고 큰스님은 나름대로 기대와 짐작을 했던 것이다. 그런데 막상 불러 확인하려는데 대답이 영 싱거우니 실망한 것이다.

이러니 큰스님께 드리는 한마디 한마디가 조심스럽지 않을 수 없었다. 처음에는 이것저것 철없이 많이 여쭈었는데, 나중에는 이리저리 받히기만 하니 마음놓고 질문할 수가 없게 돼버렸다.

보름마다 큰스님을 따라 큰절에 내려가 설법을 들었다. 큰스님은 겨우내《육조단경》을 설법하셨다. 큰스님은 육조대사의 가르침을 매우 중시했으며, 큰스님의 돈오돈수 사상도 육조대사의 가르침에 그 뿌리를 두고 있음을 나중에서야 알게 되었다.

언젠가《육조단경》에 대해 큰스님께 물었다. 육조가 천한 출신으로 공부도 제대로 하지 못했다는데, 어떻게 그렇게 훌륭한 설법을 남겼는지 늘 궁금했던 터였다.

"이런저런 책을 보면 혜능대사가 글자도 모르는 무식한 스님으로 묘사돼 있는데, 정말 무식했는지 이해가 되질 않습니다."

지금도 큰스님의 가르침이 쟁쟁하다.

"육조 혜능대사가 무식했다는 것은 정설이데이. 무식했지만 마음을 깨치니 부처님 진리에 환해지고〔宗通〕, 법문을 자유자재로 하는 언변을 얻었다〔說通〕고 안 하나. 참선 공부는 열심히 정진해 마음을 깨치느냐, 못 깨치느냐 하는 것에 있지, 알고 모름에 있는 게 아이다. 섣불리 아는 것이 오히려 참선 공부에는 큰 방해가 된다. 알았나?"

당시에는 그저 "예, 예" 하며 고개를 끄덕였지만, 그 뜻이 무엇인지 헤아리기는 힘들었다.

시줏돈과 팁

사찰의 부엌 살림은 대개 공양주와 채공이 맡아 꾸려 간다. 밥은 한 가지지만 반찬은 여러 가지인지라 채공이 더 힘이 들게 마련이다. 그러나 대부분의 신도들은 공양주에게 인사를 차린다. 법당 부처님께 올리는 마지(밥)를 공양주가 불기佛器에 소담스럽게 담아 건네주기 때문이다.

공양주였던 나는 신도들이 "감사합니다"라고 인사할 때마다 채공 행자를 한 번 힐끗 쳐다보며 민망스러워 했다. 그런데 한 번은 어느 여자 신도가 내 손을 끌어당겨 돈을 쥐여 주었다.

"공양주 행자님, 수고 많으십니다. 이거 얼마 안 되는데 연필이라도 사 쓰십시오."

난생처음 돈을 받았다. 얼떨결에 받았지만 곧 "저는 돈 같은 거 필요없심더" 하며 되돌려주었다. 주거니받거니 하다가 여신도는 부뚜막에 500원을 놓고는 이내 나가 버렸다.

당시 대학생 하숙비가 2,000~3,000원 했으니, 500원을 지금 돈으로 환산하면 대략 5만 원쯤 될 것이다. 부뚜막에 놓인 500원을 바라보는 심정이 참으로 묘했다.

'얼마 전까지만 해도 내가 팁을 줬는데, 이제는 내가 팁을 받는 신

세가 되었구나.'

돈을 보고 고맙다는 생각보다 왜 팁이라며 자조했는지 지금 생각하면 고소를 금치 못할 일이지만, 당시 심정은 정말 서글펐다. 절에서 실제로 돈을 쓸 일도 없고, 어디에 써야 하는지도 몰라 원주스님을 찾아가 돈을 내밀었다.

"어떤 보살이 팁 500원 놓고 갔심더."

원주스님의 얼굴이 붉으락푸르락하며 험상궂어졌다. 뭐라고 야단치려다가 마는 듯했다. 나는 속으로 '절에 들어와 하도 실수를 많이 하니까 완전히 낙인이 찍혔나 보네' 하며 섭섭한 마음을 달랬다. 아니나 다를까 얼마 뒤 성철스님이 호출한다는 전갈이 왔다. 또 야단이 났나 보다 하며 숨을 크게 몰아쉬었다. 마음을 굳게 먹고 방문을 열고 들어가 큰스님 앞에 꿇어앉았다.

"이놈아, 팁이란 말이 뭐꼬?"

"세속에서 음식점 같은 데서 음식을 먹고 나면 감사하다는 뜻으로 주는 잔돈을 팁이라고 합니더."

술집이란 단어는 빼고 말 그대로 낱말 풀이만 했다.

"임마, 그런 게 팁이라는 거 몰라서 묻는 줄 아나. 이 쌍놈아!"

큰스님의 등등한 노기에 아무 말 못하고 머리를 푹 숙이고 있었다.

"팁 받는 주제에 꼴 좋다. 이놈아, 그 돈은 팁이 아니라 시줏돈이다 시줏돈. 신도가 니한테 수고했다고 팁 준 것이 아이라, 스님이 도 닦는 데 쓰라고 시주한 돈이란 말이다. 그걸 팁이라고 똑똑한 체하니 저거 언제 속물이 빠질란고……, 허어 참."

큰스님은 어이가 없다는 듯 혀를 끌끌 찼다.

"절에 있으면 더러 신도들이 시주랍시고 너거들한테 돈을 주고 가는 모양인데, 그건 너거 개인 돈이 아니라 절에 들어온 시주물이데이. 그러니 원주에게 줘 공동으로 써야 하는 것인 기라. 그리고 시주물 받기를 독화살 피하듯 하라는 옛 스님의 간곡한 말씀이 있으니 앞으로 명심하고 살아야 한데이. 이놈, 오늘 팁 받아서 니 주머니에 넣었다면 당장 내쫓았을 긴데……."

큰스님의 긴 꾸중, 그 마지막 대목을 들으면서 '오늘은 진짜로 운좋은 날'이라며 가슴을 쓸어 내렸다. 팁이라 생각하고 서러운 마음에 돈을 원주스님에게 갖다 주었기에 망정이지, 무심코 호주머니에 넣고 내 돈이라 생각했더라면 큰일날 뻔했다. 내가 받은 첫 시줏돈은 그렇게 큰스님의 가르침과 함께 내 마음속에 자리잡고 있다. 큰스님은 스스로의 마음을 다지며 썼던 발원문에서도 시주물에 대한 경계심을 강조했다.

"시주물은 독화살인 듯 피하고, 부귀와 영화는 원수 보듯 하여서……."

내 이빨 물어줄래?

어느 날 중년의 스님 한 분이 백련암을 찾아왔다. 점심 시간이 지났는데, 먼 길 오느라 끼니를 거른 스님께 밥상을 차려 드리라는 원주스님의 명에 따라 내가 상을 봐드렸다. 10여 분쯤 지났을 무렵, 그 중년 스님이 마루로 뛰어나와선 고함을 질렀다.

"이 절 공양주가 누구야? 어서 이리 와!"

나는 영문도 모르고 달려가 "제가 공양줍니다"라며 공손히 반절을 했다. 스님은 손에 들고 있던 종이 뭉치를 내 발 쪽으로 내동댕이치면서 노발대발이다.

"내 이빨 물어내, 이놈아!"

종이 뭉치에 싸인 밥알이 마당에 흩어졌다. 밥에 든 돌을 씹은 것이다. 서러움이 뱃속 깊은 곳에서 응어리지며 솟아올랐다. 그동안 고달팠던 기억이 파노라마처럼 떠오르며 뜨거운 눈물이 쏟아졌다.

'도시 놈이 절 생활에 익숙해지려고 무척이나 참고 애써 왔는데……'

굵은 눈물을 떨구며 우두커니 서 있었다. 옆에서 지켜보던 한 스님이 다가와 내 어깨를 두드리며 "저 스님 성질이 워낙 급한 분이라 그렇다. 이해하라"며 위로해 주었다. 복받치는 감정인지라 위로의 말에

설움이 더했다. 나를 성철스님과 처음 만나게 해주었던 친구 스님이
보다 못해 내 손을 끌고 방으로 들어갔다.

"참을 만큼 참고 살아왔으면서 왜 그런 추태를 보입니까?"

위로 겸 질책이었다. 곰곰이 생각해 보니 그랬다. 행자로서 이미
자존심 같은 거 버린 지 오래지 않은가. 그렇게 마음을 삭이고 있는데
아까 그 스님이 다시 찾았다.

설움을 많이 삭인 터라 먼저 사과를 드렸다. 그랬더니 그 스님이 오
히려 야단쳐서 미안하다며 사과를 했다. 스님은 이어 "니가 참선한다
고 하니, 내가 상기병(기가 머리로 쏠려 생기는 두통)을 막는 체조를 가
르쳐 주마" 하며 선 체조를 가르쳐 주셨다. 스님은 땀을 뻘뻘 흘리며
가르치시는데, 나는 마음이 안정되질 않았으니 그저 스님을 따라 시
늉만 할 뿐이었다.

당시 그 선 체조를 배워 익히지 못함을 나중에 크게 후회했다. 그
때는 상기병이 무엇인지도 모르고 지냈지만 나중에 참선하던 중 바
로 그 병 때문에 많은 고생을 했기 때문이다. 그날 해질 무렵 큰스님
이 찾았다.

"낮에 무슨 일이 있었다고?"

묵묵히 있으니 불호령이 떨어졌다.

"이놈아! 억울하면 산천이 떠나가게 실컷 한번 울어 보지 그랬나?
무슨 일이 있었는지 한번 말해 봐라."

불같은 재촉에 낮에 있었던 일을 간략하게 설명했다.

"그래, 이빨 물어 줬나?"

큰스님의 엉뚱한 질문에 할 말이 없었다.

"그래, 이빨 물어 줬냐고 묻는다 아이가. 와 대답을 안 하노?"

무슨 대답을 이끌어 내려고 낚싯줄을 드리우는 것 같기도 하고, 또 뭔가 위로의 말을 해주실 것도 같아 용기를 냈다. 심경을 솔직히 털어놓았다.

"이빨은 못 물어 줬습니다. 그렇지만 백련암 와서 반년 넘게 행자 생활을 한 중에서 오늘 제일 마음이 아팠습니다. 절 생활을 익히지 못해 주변 스님들을 불편하게 하고……. 여기서 절 생활을 접고 하산해야 되지 않겠나, 오후 내내 그 생각하고 있었습니다."

분명 야단맞을 줄 알았는데, 큰스님은 한참을 뚫어지게 바라보기만 했다.

"그러면, 내 이빨은 어떻게 물어 줄래? 이놈아, 나도 니 밥 먹기가 얼마나 힘든지 아나? 니가 내 이빨 물어 주려면, 도망치려고 할 것이 아니라 백련암에 살면서 내한테 그 빚을 갚아야제. 안 그러나! 니 생각은 우짠데?"

나는 그제야 비로소 알았다. 그동안 큰스님도 돌을 많이 씹었다는 것을. 그동안 큰스님께서도 나의 공양밥을 드시며 돌을 씹고 계셨다는 것을 뒤늦게 알고 나니 정말 쥐구멍에라도 들어가고 싶었다. 그렇게 생각하니 낮의 설움이나 회한 같은 것은 말끔히 씻겨졌다.

"공양주 열심히 하겠습니다."

법명 번복 소동

나보다 4~5개월 먼저 들어온 행자가 있었다. 마흔을 넘겨 늦어도 한참 늦게 출가한 분이다. 성철스님의 시찬(큰스님의 반찬을 만드는 역할)을 맡고 있던 그 스님이 법명을 받던 날이었다.

"뭐라꼬?"

갑자기 큰스님 방에서 고함소리가 들렸고 여러 스님들이 들락날락 불려 다녔다. 무슨 영문인지도 모른 채 밖에서 마음만 졸이고 있었다. 불려 간 스님들도 얼굴이 벌겋게 상기되어 나오곤 했다. 시찬을 담당했던 행자는 여러 번 큰스님 방에 불려 들어갔다. 나는 그저 '저 시찬 행자한테 문제가 생겼나 보다'라는 짐작만 하고 있었다.

그런데 소동이 가라앉고 얼마 지나자 큰스님이 나를 찾았다. 잘못한 것도 없고 무슨 일인지도 몰랐지만 낮에 들었던 큰스님의 높은 목소리 때문에 덜컥 걱정이 앞섰다.

"이번에는 무슨 야단을 맞을런가?"

중얼거리며 조심스럽게 방문을 열었다. 큰스님의 음성은 여전히 격앙돼 있었다.

"니, 거 앉아 봐라."

고개도 바로 못 들고 조용히 꿇어앉았다. 큰스님의 목소리가 조금

차분해졌다.

"꼭 중 되야 도 닦는 거 아니데이. 니는 고마 중 되지 말고 행자 그대로 있어라. 알겠제."

나는 전혀 영문을 모른 채 대답했다.

"예, 큰스님 가르치시는 대로 따를 뿐이지 다른 생각은 없심더."

"그래그래, 니는 됐다. 그렇게 중 될 생각지 말고 행자 생활이나 열심히 해라. 인제 나가 봐라."

어리둥절한 채 물러나왔다. 하지만 '오늘 무슨 일이 있었기에 갑자기 저런 말씀을 하실까' 하는 궁금증은 더해졌다. 마침 친구 스님이 나를 부르더니 자기 방으로 데려갔다.

소동의 발단은 시찬 행자에게 내린 법명이었다. 스님이 되는 것을 흔히 '계戒를 받는다'고 한다. 계에는 두 가지가 있다. 행자 신분을 벗어나는 단계에서 받는 것을 '사미계沙彌戒'라고 하며, 이후 소정의 교육 과정을 이수하고 정식 승려가 되면서 받는 것은 '비구계比丘戒'라고 한다. 보통 사미계를 받기 전에 스승으로부터 법명을 받는데, 성철스님이 시찬 행자에게 '원조圓照'라는 법명을 지어 주었다. 그런데 일부 스님들이 여기에 강력하게 이의를 제기한 것이다. 수년 전 대학을 졸업한 서너 명이 출가해 큰스님으로부터 법명을 받았는데, 그때 제일 나이도 많고 또 맏형 노릇하던 행자에게 '원조'란 법명을 주었기 때문이다. 원조스님은 몇 년 간 백련암에서 살다가 공부를 더하겠다며 환속했는데, 그가 바로 국제적인 불교학자로 유명한 뉴욕주립대학의 박성배 교수다. 어쨌든 박성배 교수와 함께 계를 받았던 스님들이 한참 후배뻘 되는 행자에게 같은 법명을 주니 마음이 적잖이

상해 큰스님께 후에 온 행자에게 원圓자 원조의 불명을 줄 수 없다고 간청을 한 것이다.

큰스님이 노발대발한 것은 당연하다. 법명을 내리는 것은 스승의 고유 권한인데 상좌들이 비토를 하니 몹시 기분이 나빴던 듯하다. 하지만 일리가 있는 얘기인지라 큰스님이 마음을 바꿔 시찬 행자에게 '원조' 대신 '삼밀三密'이란 법명을 지어 주었다. 삼밀스님은 1년 후 백련암을 떠나서 강화 전등사에 머물다가 정릉에 삼정사三精寺를 창건, 수행하다가 몇 년 전 입적했다.

어쨌든 큰스님은 법명을 바꿔 주고서도 성이 풀리지 않자 아직 행자인 나를 불러 "니는 법명을 주지 않을 테니 행자로 살아라. 아예 중될 생각하지 말거래이" 하고 다짐을 놓은 것이다.

친구 스님에게서 설명을 다 듣고 나니 갑자기 눈앞이 캄캄해졌다. 나도 몇 달만 지나면 큰스님으로부터 법명을 받고, 사미계도 받아 행자 딱지를 떼리라 기대하고 있었는데……. 그렇다고 큰스님 앞에서 감히 내색할 수도 없었다. '행자로 들어와서 법명을 받아 스님이 되는 것도 쉬운 일이 아닌가 보구나' 하며 체념할 뿐이었다.

생산의 기쁨,
노동의 보람

 백련암은 '시주물은 독화살인 듯 피하라'는 성철스님의 가르침에 따라 가능한 한 자급자족하는 살림을 지향했다. 그러다 보니 울력이 많아 힘도 들었지만, 한 철을 지내면서 속세에선 느끼기 힘든 생산의 기쁨을 직접 맛보는 재미도 적지 않았다.

 지금도 눈에 선한 것은 감자 수확이다. 감자는 초봄에 씨눈을 심어 7월이면 수확을 한다. 4월 초 어느 저녁 원주스님이 감자 씨눈을 따야 한다며 두 가마니쯤 되는 감자를 방바닥에 풀어 놓았다.

 스님들이 작은 칼을 들고 감자를 조각내고 있었다. 원주스님은 감자 씨눈 따는 법을 가르쳐 주지도 않았고, 또 물으면 옆에 스님들 하는 것 보면 모르냐며 핀잔만 주었기 때문에 그냥 대충 눈짐작대로 감자를 1~2센티미터 간격으로 납작하게 베어 갔다. 작업을 하면서 떠들고 웃다 보니 성철스님 처소까지 소리가 울렸나 보다. 큰스님께서 방문을 열고 들어오셨다.

 "너거 뭐 하는데 그리 시끄럽노. 아, 벌써 감자 심을 때 됐나. 감자 씨눈 따고 있구만."

 큰스님은 금방 노여움을 거두고 작업 중인 제자들의 모습을 쭉 둘러보셨다. 아니나 다를까 내가 작업해 놓은 곳에 눈을 멈추시더니 한

마디 했다.

"야, 임마! 니, 감자씨 따는 거 한번 들어봐라."

납작하게 저며 놓은 감자를 집어 올려 큰스님 앞으로 보였다.

"니 한 거하고 남 한 거하고 비교해 봐라."

내 눈에는 뭐가 다른지 분간이 되지 않아 머뭇거리고 있었다.

"원명아(현 연등국제선원 원장), 저 바보 대구 놈한테 감자 씨눈 따는 거 좀 가르쳐 줘라. 그 놈, 딱하기는 참."

그러고는 큰스님은 혀를 끌끌 차며 나갔다. 나중에 알고 보니 감자 표면에 움푹 들어간 곳이 있는데, 그곳에 씨눈이 붙어 있었던 것이다. 원래 그 씨눈을 중심으로 아래위로 대략 삼각형 모양으로 살을 두껍게 잘라내는 것이 씨눈 따는 법인데, 나는 씨눈을 무시하고 저며 놓았으니 오히려 작살을 낸 꼴이었다.

그 일이 있고 난 뒤 며칠 지나 백련암 앞 텃밭에 씨눈을 심었다. 골을 내고 30센티미터 간격으로 씨눈을 뿌린 뒤 그 위에 흙을 붕긋하게 덮어 주는 것으로 울력이 끝났다. 봄볕이 한창이라 산중에 진달래가 만발해 온 산이 말 그대로 울긋불긋해 있던 무렵이었다.

마냥 피곤하던 울력이 노동의 기쁨과 보람으로 바뀐 것은 7월 감자 수확 때였다. 묻혀 있는 감자에 상처가 나지 않게 고랑 깊이 호미를 넣어 긁어 냈다. 그러면 흙더미 사이로 미끈하고 허연 감자가 쑥쑥, 주렁주렁 올라온다. 큰 놈은 주먹만했고 작은 놈은 메추리알같이 작았다. 감자 씨눈 딸 때는 야단맞았지만 영근 감자를 캐올리니 신바람이 났다.

큰스님이 나를 놀라게 한 것은 감자 추수 직후였다. 김장용 배추와

무를 심기 위해 텃밭을 삽으로 갈아엎는 작업이 한창이었다. 서투른 삽질에 정신이 없는데 큰스님이 내려와 지켜보고 있었다. 나는 무심코 옆의 스님에게 "수군포(삽) 좀 주이소"라고 말했다. 이 말을 들은 큰스님이 물었다.

"이놈아, 니 수군포라는 말이 왜 생겼는지 아나?"

"대구서는 삽을 그냥 수군포라고 합니더."

큰스님이 답답하다는 듯 다시 물었다.

"글쎄! 왜 그 말이 생겼는지 아냔 말이다."

대구 사투리려니 생각하고 있던 터에 할 말이 없어 멍하니 눈만 굴리고 있는데 큰스님이 빙그레 웃는다.

"임마! 영어로 삽을 스쿠프(scoop)라 하지 않나. 그거를 혀 짧은 일본놈들이 수구포, 수구포 하니까 경상도 사람들이 뭣도 모르고 수군포, 수군포 한 거 아이가."

수군포의 어원이 영어임을 그때 처음으로 알았다.

'큰스님은 영어까지 아시는가?'

나는 그때까지 큰스님을 몰라도 너무 몰랐던 것이다.

법명 '원택,'

김장 준비를 위해 뿌린 무, 배추의 새싹이 막 땅에서 고개를 내미는 한여름이었다. 성철스님이 찾는다는 전갈을 받고 큰스님 방으로 갔다. 별다른 사고나 실수도 없었기에 무슨 영문인가 하며 긴장한 채 자리에 앉았다.

"전에 내가 니보고 법명 받지 말고 평생 행자로 살아라 했제?"

큰스님이 지그시 보는 눈길이 무척 자애로웠다. 그래도 여기서 대답을 잘못하면 무슨 일이 또 터질지 모른다는 생각에 조심조심 "예" 하고 대답했다. 큰스님은 아무 말 없이 한참 뜸을 들이셨다.

"그때는 내가 화가 나서 그랬제. 내가 달리 생각하기로 했다. 삼밀이는 나이도 많고 그동안 내 시봉을 잘하길래 원조라는 불명을 줄라했는데, 그 일당들이 한사코 반대해서 못 줬지. 이름이 문제가, 사는 것이 문제지! 그런데 오늘 내 니한테 불명을 주기로 했다. 조금 있으면 사미계를 받을 텐데, 그러면 니 불명은 이걸로 하거래이."

성철스님은 준비해 두었던 흰 종이를 한 장 내밀었다. 한자로 '원택圓澤'이라는 두 글자. 지금까지 내가 지녀 온 법명을 처음 본 순간이었다.

평생 행자로 살라는 큰스님의 말을 들었을 때 '언젠가 불명을 주실 테니 그때까지 잠자코 있어야지'라며 섭섭함을 달랬었는데, 갑자기 법명을 주시니 그렇게 고맙고 반가울 수가 없었다. 큰스님의 당부가 이어졌다.

"이름 받았다고 중 다 된 거 아이다. 불명을 받았으니 중 이름 부끄럽지 않게 살아야제."

즐거운 마음으로 물러나오는데, 2년 전 나에게 백련암에 놀러 가자고 꼬셨던 친구 얼굴이 떠올랐다. 그 친구는 나를 보고 "너는 큰 연못 같다. 남의 말을 그렇게 다 잘 들어주니 큰 연못 아이가?"라고 말하곤 했었다. 친구가 말한 '큰 연못'이 바로 내가 받은 법명 '원택'의 뜻이 아닌가. 혼자 "그 친구가 평소 내 중 이름까지 지어 두었나"라고 중얼거리며 방으로 돌아왔다.

법명은 사미계를 받기 위한 절차의 하나다. 큰스님에게서 법명을 받고 며칠 지나 큰절에 내려가 계를 받았다. 당시 강원에서 강사로 있던 지관스님(현 조계종 원로. 가산불교문화연구원장)을 계사戒師로 하여 사미계를 받고 예비승이 되었다.

은사는 성철스님이고, 계사는 지관스님인 것이다. 비로소 가사와 장삼을 받았다. 행자 시절엔 떨어진 옷을 입어야 했지만 사미계를 받자마자 바지, 저고리를 새 옷으로 한 벌 얻어 입었다. 새 옷을 입고 관례에 따라 산중 어른 스님들에게 인사를 다녀야 했다.

친구 스님에게 이끌려 선원禪院(참선공간) 유나인 지효스님께 갔다. 성철스님의 사제師弟(같은 스승을 둔 후배 스님)되는 큰스님이다. 삼배를 올리고 꿇어앉았다.

"그래, 너거 스님이 별난 스님인데 니 불명은 또 어떻게 지어 주던고?"

이렇게 성철스님께서 상좌들에게 법명 하나 지어 주는 것조차 스님들에겐 관심거리였던 것이다.

"예, 스님께서 원택이라고 지어 주셨습니다."

갑자기 지효스님이 얼굴색을 바꾸었다.

"뭐라, 니 법명을 원택이라고? 니가 원택이라! 너거 스님 법문할 때 곧잘 원택이를 들먹거렸는데, 니가 원택이라…….."

원택이라는 법명에 무슨 사연이 있음이 분명했다. 백련암으로 올라오면서 궁금해 친구 스님에게 물었다.

"원택이라고 불명 받은 데 대해서 왜 그렇게 이상하게 생각하십니꺼?"

친구 스님은 "나도 몰라요"라며 심드렁하게 대답했다. 무슨 곡절이 있기는 있는 모양인데 속시원하게 말해 주지 않으니 알 길이 없었다. 그렇다고 언감생심 큰스님한테 물어볼 수도 없지 않은가.

공양주에서
시찬으로

큰절에 이어 어지간한 암자까지 다니며 계를 받았다고 인사를 하고 백련암으로 돌아와 마지막으로 성철스님께 인사했다. "오냐" 하며 절을 받는 큰스님의 얼굴이 활짝 펴 있었다.

"탈도 많고 흠도 많더니만……. 그래도 장삼 입고 이제 중 됐네. 내 시키는 대로 중 노릇 잘해라이."

큰스님의 격려에 온종일 돌아다닌 피로가 한꺼번에 풀리는 듯했다. '나도 이제 스님이 됐구나' 하는 기쁨에 공양주 노릇도 신바람이 날 지경이었다. 계를 받고 일주일가량 지난 어느 날 원주스님이 불렀다.

"큰스님께서 공양주 소임은 끝내고 시찬 소임을 맡기라 하셨으니 이리 따라오소."

원주스님이 나를 석실로 데려갔다. 지금은 없어졌지만, 당시 석실은 돌로 만든 반 지하 공간으로 10여 평 남짓한데 큰스님의 반찬을 만드는 주방으로 쓰이고 있었다.

별도의 공간까지 마련한 것은 성철스님의 경우 소금기 없는 무염식을 하기에 따로 반찬을 만들어야 했기 때문이다. '공양주만 마치면 좀 편히 살겠지'라고 생각했는데, 공양주보다 훨씬 까다로운 시찬 소임이 떨어진 것이다. 석실로 가는 발걸음이 떨어지질 않았다.

그날 저녁 예불 후에 원주스님이 스님들을 소집했다.

"행자가 계도 받고 스님이 되어 공양주 소임도 끝나고 이제 큰스님 시찬 소임으로 가게 되었으니, 다른 스님들에게 알릴 겸 잠깐 다과회를 갖습니다."

간단한 과일과 과자가 나왔다. 성철스님에게 계를 받은 스님들 중 맏이인 맏사형師兄(같은 스승에게 배운 스님 중 선배)부터 순서대로 돌아가면서 한마디씩 했다. 맏사형 천제스님은 1950년대 초 성철스님이 천제굴闡提窟이란 토굴에서 참선하던 중 거두었던 제자라 이름을 '천제'라 지었다.

"내가 수십 년 동안 절 생활을 해왔는데, 이번 행자처럼 밥 못하는 행자는 처음 봤네. 우째 그리 고두밥만 해대는지, 안 그래도 위가 좋지 않아 푹 퍼진 밥을 먹어야 하는데 생쌀밥만 들어오니 영 힘들어서……."

천제스님을 이어 다른 사형들 역시 처음부터 끝까지 잘난 공양주 덕에 어지간히 배들 곯았다는 얘기들뿐이었다. 내심 '엉터리 공양주의 공양을 잘 참아 주었구나' 하는 감사의 마음이 일었다.

성철스님의 밥상은 아주 간단했다. 무염식이니 간 맞추려고 어렵게 고생할 필요가 없었다. 드시는 반찬이라곤 쑥갓 대여섯 줄기, 2~3밀리미터 두께로 썬 당근 다섯 조각, 검은콩 자반 한 숟가락 반이 전부다. 그리고 감자와 당근을 채썰어 끓이는 국과 어린아이 밥공기만 한 그릇에 담은 밥이 큰스님 한 끼 공양이다. 아침 공양은 밥 대신 흰죽 반 그릇으로 대신했다.

반찬이 간단하긴 하지만 워낙 서툰 솜씨라 그나마 손에 익기까지는 한 달 이상의 시간이 필요했다. 흰죽 쑤는 것만 해도 그렇다. 아침에 죽을 끓이기 위해 저녁에 너덧 숟가락 양의 쌀을 씻는다. 밤새 쌀을 불렸다가 아침 조리할 때 물을 따라 낸다. 냄비에 참기름 한 숟가락을 두르고 쌀을 넣어 볶는다. 참기름이 쌀에 다 흡수됐다 싶으면 물을 부어 죽을 쑤면 된다.

처음엔 그것도 쉽지 않았다. 쌀은 죽이 되게 퍼졌는데, 쌀에 다 흡수되었다 싶던 참기름이 다시 다 나오더니 방울방울 검게 떠 냄비 속을 제 세상인 양 돌아다니곤 했다. 그런 죽을 밥상에 올려 큰스님께 갖다 드리려니 영 도살장 가는 기분이었다.

아무래도 안 되겠다 싶어 원주스님한테 죽 끓이는 방법을 물어 연습을 했다. 비결은 참기름에 쌀이 노릇노릇할 때까지 잘 볶는 것이다. 보름쯤 지나자 참기름이 뜨지 않고 하얀 국물만 도는 죽을 끓일 수 있게 되었다. 당근이나 감자를 2밀리미터 두께로 써는 연습을 하다가 손가락를 벤 것이 물론 한두 번이 아니었다.

서툰 솜씨로 차린 엉터리 밥상을 받고서도 큰스님은 아무 말 없이 깨끗이 그릇을 비우셨다.

小食

소식 실천

　엉터리 솜씨에도 불구하고 성철스님이 아무 말씀을 안 하시니 '그
럭저럭 자리를 잡아가나 보다' 하고 스스로 생각하던 무렵이었다.

　그날도 잘 차리지 못한 밥상을 큰스님 방으로 들고 갔다. 성철스
님이 밥상을 앞에 두고 한참 바라보시더니 답답하다는 듯 한마디 하
셨다.

　"임마! 니 솜씨 없는 거는 내가 이미 다 알고 있제. 그건 그렇고 내
가 니 때문에 배 터져 죽겠다. 이놈아! 이제 좀 잘할 때도 안 됐나. 우
째 그리 사람이 성의가 없노. 이놈아!"

　나 스스로도 시찬 노릇을 잘한다고 생각해 본 적은 없지만 빨리 칼
질에 익숙해지기 위해 나름대로 손가락도 베고 손톱도 날리면서 최선
을 다했다. 그런데 기어이 사단이 나고 만 것이다. 아무 말도 못하고
얼굴만 붉힌 채 물러나왔다.

　"니 때문에 배 터져 죽겠다"라고 말씀하신 이유는 엉터리 칼솜씨로
두껍게 썬 감자와 당근을 먹다 보니 음식 양이 늘어났기 때문이다. 평
생 굶어죽지 않을 정도만 먹는다는 소식을 실천해 온 큰스님이니 그
정도의 차이에도 속이 부담스러울 수밖에 없었던 것이다.

　결국 정성과 함께 시간이 필요한 일이었다. 한 달쯤 지나니 아침 흰

죽도 제법 끓여지고 콩자반도 껍질이 벗겨지지 않고 온전해졌다. 또한 옆에 있는 사람과 이야기하면서도 감자와 당근을 3밀리미터 두께로 일정하게 썰 수 있는 실력이 쌓였다. 솜씨가 잡혀가니 큰스님 공양상 들고 가는 발걸음도 가벼워졌다.

"이제는 좀 살 것 같다. 니 놈 때문에 내 배 터져 죽는 줄 알았다."

칭찬을 거의 하지 않는 큰스님의 말을 귓전으로 들으며 비로소 안도의 한숨을 내쉬었다. 그런데 시찬의 임무는 반찬 마련에만 그치는 것이 아니다. 방 청소도 해야 하고 목욕날이면 등도 밀어 드려야 한다.

큰스님 방에 가재도구라곤 앉은책상 하나, 의자 하나, 요와 이불 그리고 좌복 하나가 전부였다. 방 청소는 힘들 것이 없었다. 그러나 방 청소를 마치고 나면 꼭 다시 불려가곤 했다.

"이놈아, 니 맘대로 여기저기 놔두고 가면 청소 끝이가?"

나는 분명히 큰스님이 놓아 둔 그 자리에 그대로 다시 놓고 나왔다고 생각했는데 큰스님은 늘 야단을 치셨다. 꾸중을 듣고 돌아서면서도 이해가 되지 않았다.

"분명히 큰스님이 놓아 둔 그 자리에 놓았는데……."

정말 내 눈대중으론 풀리지 않는 수수께끼였다. 큰스님 말씀에 따르면 좌복이 그 자리에 있기는 있는데 뒤집어져 있고, 요도 거꾸로 개어 놓았고, 책상 위에 있는 향로도 방향이 틀리다는 등 죄목이 많기도 많았다. 가정집 이불이나 요는 앞뒤가 다르니 금방 구분이 되지만 절집의 경우 요나 이불, 좌복까지 모두 안팎없이 먹물이니 전후좌우를 분별하기가 쉽지 않다.

그러나 큰스님은 매사에 엄격해 물건들이 그 자리에서 몇 센티미터

만 물러나 있어도 용서가 없었다. 간단해 보이는 청소도 여간 신경 쓰이는 일이 아니었다. 매사를 그렇게 빈틈없이 지내니 우리 같은 초보자들이야 하루 내내 긴장 속에서 살아야만 했다.

목욕도 그랬다. 지금은 마을마다 길이 나고 기름 보일러다, 심야전기다 해서 편하게 물을 쓰고 하루에도 몇 번씩 샤워하고 사는 절집이 됐다. 그러나 30여 년 전 산사에선 장작불로 물을 데워야만 목욕을 할 수 있었다. 목욕탕도 따로 없어 조그만 방에 한 사람 겨우 들어갈 만한 사각형탕을 만들어 놓고 뜨거운 물을 부어 가며 목욕을 했다.

보름에 한 번꼴로 날을 잡아 큰스님부터 차례대로 목욕을 했는데, 대여섯 명에 불과하지만 번갈아 때를 불리고 밀고 하다 보면 꼬박 하루가 걸렸다. 목욕하는 날, 가장 먼저 목욕을 하는 큰스님의 목욕물을 준비하는 것도 시찬인 나의 일이었다.

노승의 장난끼

앞서 말했듯이 성철스님의 목욕을 돕는 것도 시찬인 내가 할 일이
었는데, 시찬을 막 시작한 나를 곤혹스럽게 만든 것은 안경이었다.
뜨거운 물을 부어 온도를 맞춘 목욕탕에 들어가니 안경에 김이 잔뜩
서려 어디가 어딘지 분간이 되질 않았다. 큰스님은 벌써 몸을 불리셨
는지 목욕탕으로 들어서는 나를 보자마자 등을 밀라고 하셨다. 앞뒤
보이지 않는 가운데 더듬더듬 등을 찾는데 등이 아니라 머리였던 모
양이다.

"이 자슥이, 등도 모리나!"

아버지 등 한 번 밀어 본 경험이 없는 솜씨니 잔뜩 힘을 줘 밀면 "아
이구, 이놈아. 따갑다. 좀 살살 밀어라"는 호통을 듣고, 살살 닦으면
"이놈아. 그래 가지고는 때가 웃겠다. 좀 세게 해봐라"라는 호통을 들
어야 했다. 큰스님은 비누질을 거의 하지 않는다. 세수할 때도 비누
질은 잘 하지 않았다. 그러니 목욕 시간이 길 것도 없는데, 시찬 입장
에선 한바탕 전쟁을 치르는 느낌이었다. 그렇게 서투른 시찬의 수발
을 받는 것도 힘든지 세 번째 목욕하던 날 큰스님이 손사레를 쳤다.

"이놈아, 니 하고는 더 못하겠다."

단 세 번 만에 큰스님의 등 밀어드리는 소임은 끝이 났다. 그래도

백련암 염화실에서 편안하게 쉬고 계신 성철스님.

목욕하고 난 큰스님의 빨랫감을 챙기는 것은 여전히 내 일이었다. 큰스님은 목욕하고 기분이 좋은 날엔 배를 내놓고 자신의 건강을 자랑하는 천진한 모습을 보이기도 했다.

"나이 많은 어떤 스님은 뱃가죽이 쪼글쪼글한데 내 배 좀 봐라. 주름 하나 없이 탱글탱글하제? 이놈아, 니도 배 한번 내봐 봐라. 니가 탱글한지, 내가 탱글한지 한번 보자."

정말 배를 내놓아야 하는지 마는지 몰라 멀뚱거리고 있었다.

"뭐 하고 서 있노. 빨리 배 내봐!"

마지못해 배를 드러내야 했다. 큰스님은 두 배를 번갈아보시며 독촉했다.

"니 어떻게 생각하노. 누가 더 탱글탱글한데. 얘기해 봐라."

뭐라고 하기도 그렇고 해서 망설이다가 그냥 "큰스님 배가 더 탱글탱글한 것 같심더"라고 말했다.

"그 자슥, 거짓말도 잘한다. 아무리 그래도 젊은 놈 배만 하겠나."

정작 말은 그렇게 하시면서도 큰스님은 자신의 배에 주름이 없는 것을 자랑스러워 하셨다. 실제로 큰스님은 환갑의 나이에도 무척 건강하셨다.

언젠가 큰스님을 따라 큰절에 갔다 백련암으로 돌아오는 길이었다. 오르막인데도 큰스님의 발걸음이 어찌나 빠른지 헉헉대며 뒤를 따라야 했다. 그런데 큰스님의 발걸음이 점점 더 빨라지는 것 아닌가. 허둥지둥 따라가느라 정신이 없는데, 앞서 가던 큰스님이 걸음을 늦추었다. 겨우 따라붙자 큰스님이 불쑥 뒤돌아보며 웃었다.

"니, 내 못 따라오겠제?"

큰스님이 일부러 걸음을 빨리해 평소에 걸음이 둔한 나를 골려 주려고 한 것이었다. 그리고 은근히 자신의 빠른 걸음을 자랑하고 싶어 하는 마음도 있었던 것이다.

장난스런 모습도 있지만 그래도 큰스님의 본모습은 역시 무서운 호령 소리에 있다. 하루는 밥상을 물리는데 조그만 가위가 상 위에 놓여 있었다. 아무런 설명도 없으니 용도를 짐작하기 힘들었다. 그때 마침 이런 생각이 떠올랐다.

'내 콧수염이 콧구멍 밖으로 볼썽사납게 나왔는데, 이 가위로 자르면 되겠다.'

그러고는 무심코 마루에서 거울을 보며 콧수염을 자르고 있는데, 큰스님이 방을 나서다가 그 모습을 봤다.

"니 지금 뭐 하노, 이놈!"

큰스님이 성큼성큼 다가오더니 느닷없이 뺨을 한 대 갈겼다. 뭐라 변명할 사이도 없이 뺨을 한 대 맞고 어쩔 줄 몰라하는데 큰스님의 호령이 이어졌다.

"이놈 봐라. 내가 가위를 삶아서 소독해서 가져오라고 내놓았는데, 아무 소식이 없더니 지 콧수염이나 깎고 있어! 이 나쁜 놈! 원주야, 이놈 당장 쫓아 버려라!"

콧수염을 깎으면서도 어쩐지 이것이 아니다 싶었다. 그러더니 기어이 탈이 나고 말았다. 대중스님들도 뻔한 그것 하나 눈치채지 못해저 야단을 맞는가 하는 안쓰러운 얼굴로 쳐다보는데 참으로 난감했다. 그래도 어쩔 것인가?

나는 얼른 석실로 내려와 말씀대로 작은 가위를 푹 삶았다. 그리고는 갖다 드려야 하기는 하겠는데 걸음이 떨어지질 않아 원주스님께 대신 좀 갖다 드려 달라고 부탁을 했다. 하지만 시찬스님이 갖다 드리지 왜 내가 갖다 드리냐며 단호히 거절하였다. 그때 원주스님이 참 야속하게 느껴졌다.

'진작 큰스님 콧수염 깎는 가위니 삶아 드리면 된다고 연통만 주었던들 오늘 이런 일은 없었을 텐데……'

용기를 내 큰스님 방으로 갔다. 그 순간에는 무슨 생각이 들었는지 작은 가위만 달랑 손에 쥐고 가지 않고 접시에 담아서 가지고 갔다. 방문을 열면서 또 무슨 벼락이 떨어지려나 조마조마하며 작은 가위를 담은 접시를 올리니 가위를 집어드시며 말씀하셨다.

"니, 손에 이 가위를 쥐고 오면 니놈 손을 내가 뿌라 버릴라 캤드만 그 액운은 면했네!"

몸에 밴
근검절약

시찬 시절 수시로 큰스님 방을 드나들곤 했는데, 어느 날 물을 갖다 드리려고 방문을 열어 보니 큰스님이 평소 안 쓰는 안경을 끼고 뭔가 열심히 들여다보고 계셨다. 낡은 양말을 들고 바느질을 하고 계신 중이었다. 얼른 물그릇을 놓고 다가갔다.

"큰스님, 뭐 이런 걸 하고 계십니까. 저희들이 기워 드리겠심더."

"이놈아! 너거 솜씨가 솜씨라고. 내가 너거들보다는 훨씬 낫제. 쓸데없는 말 하지 말고 얼른 나가!"

호통에 그냥 물러나왔다. 전구에 양말 뒤꿈치를 씌워 기우는 경우가 많았고, 때로는 평생 입고 다니던 누더기를 펼쳐 놓고 꿰매곤 하셨다. 큰스님의 바느질 솜씨는 자랑할 만했다. 암자에서 바느질 솜씨 좋다는 스님들보다 더 촘촘하게 바느질을 했다. 그래도 노스님이 바느질하는 모습이 보기에 안쓰러워 한마디 건의했다.

"큰스님, 요새 나일론 양말은 잘 떨어지지 않는데, 질긴 나일론 양말을 신으시지 왜 그렇게 잘 떨어지는 목양말을 신으시고 바느질을 하십니꺼?"

"니는 우째 하는 말마다 내 귀를 짜증나게 하노. 이놈아! 나이롱 양말이 질긴 줄 몰라서 안 신는 줄 아나? 중이라면 기워 입고 살 줄 알아야제. 너거나 질긴 양말 신어라."

성철스님은 고희를 넘기고서도 옷가지나 내복을 손수 기워 입곤 하셨다. 스스로의 체력이 닿는 한 기본적인 수도승의 의무를 놓지 않으려 하셨던 것이다. 그렇게 근검절약하며 살아온 큰스님이니 낭비하는 일은 참고 보지 못했다.

하루는 어떤 스님이 큰스님을 찾아뵙는다고 올라왔다. 다른 스님들과 함께 이런저런 얘기를 나누는데, 무척 귀한 손님인 듯 시종 흐뭇해하시는 모습이었다.

"와, 오는 사람한테 차 한잔도 안 주노?"

스님의 호령에 따라 나는 부엌에 나가 차를 만들어 왔다. 여러 스님에게 차를 돌리는데, 큰스님 앞에 물이 몇 방울 떨어졌다.

"야아, 빨리 물 닦아야지."

큰스님의 말을 듣고 둘러보니 마침 두루마리 휴지가 옆에 있었다. 급한 김에 손등으로 몇 겹 휘감아 뜯은 다음 물방울을 훔쳤다. 큰스님이 그런 모습을 한참 노려보다가 버럭 소리를 지르셨다.

"니는 니 애비가 만석꾼이제?!"

어떻게나 송구스러운지 몸 둘 바를 몰랐다. 그렇지만 그런 불호령이야 철부지 제자를 가르치는 말씀이니 어찌 고맙지 않겠는가. 정말 큰스님이 대노한 모습을 본 것은 그로부터 얼마 뒤였다.

큰스님이 원명스님을 시자로 데리고 산행을 다녀오신다며 오후 1시쯤 절을 나섰다. 그런데 저녁 시간이 되어도 돌아오질 않으셨다. 스님들이 "무슨 일이 있나? 큰절로 내려가셨나" 하면서 우왕좌왕하고 있었다. 땅거미도 지고 제법 어둑어둑해진 무렵 뒷산에서 인기척이나 스님들이 우루루 몰려갔다. 큰스님은 피곤이 역력해 보였다. 원주 스님을 위시해 선배 스님들이 전부 큰스님 방으로 불려 갔다.

"어른이 나가서 예정된 시간에 돌아오지 않으면 찾아나서야지. 그 래, 모두 집구석에서 웅크리고만 있었나?"

노기등등한 고함이 끊이지 않았다. 시자스님이 산길을 잘못 들어 깊은 골에서 길을 잃었던 것이다. 시찬 입장에서 나는 과연 공양상을 갖다 드려야 하느냐 마느냐 하는 문제로 한참 고민했다. 너무 늦은 저 녁이라 나 대신 시자스님이 밥상을 들고 방으로 들어갔다.

"인정머리 없는 너거들 밥은 내가 안 먹는다!"

와장창하면서 밥상 부서지는 소리가 났다. 얼른 뛰어들어가 부서 진 그릇들을 덜덜 떨면서 주워 담았다. 그래도 혹시나 싶어 저녁밥을 다시 했다. 윗스님들이 올라가 큰스님께 빌고 빈 다음, 늦은 저녁 을 다시 올렸다. 큰스님께서 집에 계셔도 긴장, 나가셔도 긴장의 연 속이었다.

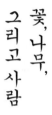

꽃, 나무,
그리고
사람

성철스님이 옛날에는 꽃에 별로 관심을 갖지 않으셨다는데, 환갑이 지나면서는 마당의 꽃과 나무에 관심을 갖기 시작하셨다.

흰 모란을 좋아하셨고 말년에는 장미도 좋아하셨다. 지금도 큰스님을 모시던 시절을 생각하면 우리가 꽃을 잘 가꿀 줄 몰라 좋은 꽃 선물을 제대로 하지 못했다는 생각에 부끄러움이 앞선다.

지금과 달리 아담한 암자였던 30년 전 백련암. 큰스님의 책을 보관하던 장경각 앞에는 붉은색 모란이 심어져 있었고, 원통전 앞쪽 화단에는 겹작약이 소담스럽게 자랐다.

큰스님이 어느 날 어디서 보셨는지 흰 모란을 보시고는 몇 그루 얻어다 심으셨다. 모란이 피기를 기다리던 어느 날, 작약이 막 새순을 틔우기 시작할 무렵이었다.

"작약순이 올라올 때가 됐으니까 화단에 들어가 순이 잘 올라오도록 호미로 굳어진 흙 좀 잘 갈아라."

큰스님의 명에 따라 화단에 들어갔다. 하지만 화단을 매고 나와 보면 오히려 흙 속에서 막 움트기 시작한 싹을 짓밟아 놓는 경우가 적지 않았다. 새순을 알아보지 못하고 그냥 흙만 뒤적이고 나오다 보니 밟힌 싹이 한둘이 아니다. 그러면 큰스님의 노기가 온 산을 흔든다.

"이놈들이 귀한 생명을 그래 밟아 죽일라카나."

스무 살도 안 된 어린 행자가 한 명 들어왔다. 어린 만큼 귀여움을 받았지만, 그만큼 일도 서툴러 공동 기합의 빌미를 많이 제공했다.

하루는 큰스님이 나오셔서 꽃나무를 옮기자며 그 행자를 앞세웠다. 또 무슨 일이 터지려나 하는 불안한 마음을 달래며 그 뒤를 삽을 들고 따라갔다. 행자가 괭이로 땅을 파기 시작했다. 큰스님이 1차로 경고했다.

"이놈아, 땅 파면서 그 밑에 뭐가 있는지 살펴보며 조심해서 파거 래이."

앳된 행자는 듣는 둥 마는 둥 열심히 땅만 팠다. 이윽고 괭이 끝에 무엇이 걸렸다. 삽으로 흙을 들어 내니 까만색의 무엇이 나왔다.

만약 큰스님이 "밑 화장실로 가는 전깃줄을 묻은 것이니 피해서 파라"고 말해 주셨으면 아무 일도 아닐 텐데, 큰스님은 행자에게 엉뚱한 말씀을 하셨다.

"그 시커먼 것이 뭐꼬? 삽으로 한번 꽉 찍어 봐라!"

행자가 큰스님의 미끼에 걸렸다. "이게 무엇인지 사형들께 물어보고 하겠습니다"라고 하면 될 일을, 그냥 큰스님 말씀대로 전깃줄을 삽으로 꽉 찍었다. 큰스님은 그렇게 하라고 해도 안 할 줄 알고 미끼를 던진 것인데, 눈치 없는 행자가 함정에 빠져 버린 셈이다.

"이놈아, 그것도 모리나. 니 눈에는 전깃줄로 안 보이고 뭐로 보이드나."

큰스님이 호통을 치니 앳된 행자는 그저 어안이 벙벙한 표정을 지을 뿐이었다. 봄이 오면 화단 앞에선 이렇게 꽃을 보기 위한 한바탕 소동이 끊이지 않았다.

큰스님은 흰꽃 등나무도 무척 좋아하셨다. 해인사 큰절 퇴설당에 흰꽃 등나무를 심어 여름이 오기 전에는 흰꽃을 보고, 여름엔 그 그늘 아래에서 쉬기를 좋아하셨다.

고향이 대나무 산지라서 그런지 대나무도 무척이나 좋아하셨다. 그중에서도 검은색 대나무인 오죽을 좋아하셔서 한번은 오죽을 얻어다 심었는데, 끝내 살리지 못한 일도 있었다. 비슷한 시기에 큰스님의 명에 따라 심은 은행나무 몇 그루는 지금도 남아 큰스님이 떠난 백련암을 지키고 있다.

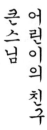

어린이의 친구
큰스님

　성철스님은 아이들을 무척 좋아하셨다. 여신도들이 가끔 꼬마들을 데리고 오면 꼭 아이들을 불러 과일이나 과자를 주곤 하셨다. 아이들의 천진함을 마냥 좋아했다.

　"숨김없이 지 생각나는 대로 반응하는 것이 어린애 아니냐. 그게 얼마나 좋냐."

　그런데 큰스님은 아이들을 보면 꼭 장난을 건다. 과자를 맛있게 먹고 있는 아이의 볼을 꼬집거나 머리에 꿀밤을 먹이곤 했다. 당연히 아이들은 아앙하고 울어 버린다. 그러면 큰스님은 다시 우는 아이를 달래느라 안간힘을 쓴다. 당시만 해도 귀하던 사탕이나 과자를 쥐어 주기도 하고, 조금 큰 아이에겐 동전을 주면서 구슬린다. 그렇게 어렵게 달래 놓고서는 아이가 다시 잘 놀면 한참 보다가 다시 꼬집어 울린다. 아이가 조금 크거나 장난기가 많은 경우 제법 큰스님과 장난을 주고받기도 한다. 초등학교 고학년쯤 되는 꼬마들은 큰스님에게 덤비기도 했다. 큰스님이 머리를 쥐어박으면 저도 큰스님 머리를 쥐어박으려 팔짝팔짝 뛰었다. 큰스님이 엉덩이를 차면 저도 엉덩이를 차려고 씩씩거리고 달려든다. 이런 꼬마 친구를 만나면 큰스님은 신바람이 나는 듯했다.

언제나 짓궂은 장난으로 아이들의 친구가 되어 주시던 성철스님.
가야산 호랑이라고 불리던 성철스님도 아이들은 좋아하셨다.

"야, 그놈 대단하다! 야, 임마. 빨리 와 차야지. 이리 와 이리."

그러다가 어떤 때는 큰스님이 꼬마의 발길질에 당황할 때도 있었다. 그렇지만 큰스님은 무슨 스파링 파트너나 만난 듯 장난을 치곤 했다. 그렇게 한바탕 장난이 끝나면 큰스님은 꼬마 친구와 이런저런 얘기를 나누었다.

큰스님의 그런 모습을 보고 부러워하는 여신도들이 꽤 많았다. 그러다 보니 여신도들이 아이들을 데리고 백련암에 올라오는 경우가 적지 않았다.

그런데 문제는 삼천 배다. 어린이들도 예외없이 삼천 배를 해야 한다. 대개 꼬마 친구들은 큰스님과의 장난으로 상견례를 한 뒤 어머니의 손에 이끌려 법당에 올라가 삼천 배를 하게 된다. 초등학교 고학년 정도의 아이들은 대부분 절을 곧잘 했다. 하지만 나이가 들수록 삼천 배를 힘들어 하는 경향이 있다.

성철스님의 꼬마 친구 중 한 명이 삼천 배를 한 적이 있다. 큰스님이 격려도 했고, 어머니가 워낙 신심이 두터운지라 꼬마 친구는 이를 악물며 어머니를 따라 삼천 배를 마쳤다. 사실 그 아이는 삼천 배를 할 줄은 꿈에도 모르고 따라온 것이다. 큰스님과 한판 전쟁을 치르고 삼천 배를 했으니 얼마나 힘이 들었겠는가. 절을 마치고 큰스님께 하직 인사를 하러 온 꼬마 친구는 당돌하게 한마디 했다.

"큰스님, 이제 다시는 백련암에 안 올 겁니더."

"와 그라노?"

"내가 앞으로 백련암에 다시 오면 개새끼라예."

"와 그라는데?"

"삼천 배 절 하는 기 너무 힘들었어예. 백련암에는 인제 다시 안 올 겁니더."

"그래그래. 개새끼인지 아닌지는 두고 보자."

딴에는 독한 소리를 마친 꼬마 친구가 일어나 방을 나가자 큰스님은 웃으셨다.

"그래도 그놈 대단하제. 지 할 소리는 다 하고 갔제."

또 산내 비구니 암자에서 자라나는 꼬마 친구들도 있었다. 다섯 살에서 일고여덟 살까지 10여 명 정도 되었는데 이 꼬마들은 늘 오는 것이 아니라 명절에나 올라왔다. 명절이니 꼬까옷 입고 와서 세배도 드리고, 세배돈도 두둑히 타고 큰스님에게 노래도 불러 재롱을 떨었다.

이런 꼬마들이 백련암에 놀러 왔다. 그중에 한 아이가 입을 양손으로 감싸고선 큰스님 귓속에다 대고 산 정상에서 외치듯이 "야호"가 아니라 "아악" 하고 있는대로 고함을 내질렀다. 꼬마들이 돌아간 후에 큰스님은 그 꼬마들이 얼마나 소리를 쳤는지 아무 소리도 안 들리고 멍멍하고 귀울림이 생긴 것 같다고 하셨다. 그런데 그 증상이 며칠이 지나도 가라앉지 않았다. 할 수 없이 스님은 병원 진찰에 나섰다. 청력이 조금 떨어지신 듯한데 큰 일은 아니니 안정하시면 될 것이라 해서 큰 걱정은 덜었지만, 그 후론 그 꼬마들은 큰스님 귀 가까이에 갈 수 없게 되었다.

그래도 큰스님은 꼬마 친구들을 좋아하셨다. 절에 같이 사는 스님들이야 큰스님이 어려워 마음 편히 다가갈 수조차 없었지만 꼬마 친구들은 그렇게 큰스님의 친구가 돼 몸을 부딪치며 놀았고, 그 바람에 큰스님은 간혹 당돌한 소리까지 들어야 했다. 어머니를 따라왔다가 삼천 배를 하고는 기겁하고 도망친 어린이들이 한둘이 아니었다.

그런데 얼마 뒤 다시는 안 온다던 그 꼬마 친구가 다시 백련암을 찾아왔다. 물론 어머니의 손에 끌려왔지만 나름의 독한 다짐을 했던 꼬마인지라 시무룩하니 고개를 들지 못했다. 하지만 큰스님이야 얼마나 반가웠겠는가.

"니, 그때 안 온다던 그 개새끼 아이가."

그 친구도 이제는 중년의 치과의사다.

천진함을
좋아했던
큰스님

산사 생활은 간단 명료하다. 관공서나 군대처럼 일사불란한 조직 체계로 움직이는 것은 아니지만 큰스님을 정점으로 상좌 몇 명이 시봉하는 체제다. 살림이나 생활도 큰스님을 중심으로 단순하게 반복된다.

큰스님은 절집 생활처럼 간단 명료한 것을 좋아하셨다. 큰스님이 "그거 우찌 됐노?"라고 물으면 곧바로 "이렇게 됐습니다"라고 대답해야 한다. "저, 그거 말입니다. 처음에 일의 발단은 이렇고⋯⋯"라는 식으로 대답이 길어지려 하면 그만 불호령이 떨어진다.

"니깐 놈들한테 뭐 설명 들으려 하면 내 속이 터지제. 결과가 우찌됐노 이 말이다. 한마디로 하면 될 거 아이가."

비유하자면 백련암에 급한 환자가 생겨 119 구급차를 불러 환자를 싣고 갔다면 "예, 살았답니다" 하는 한마디로 끝내야 했다. 하지만 모든 상황이 한마디로 잘라 말할 수 있는 것은 아니지 않는가. 따라서 전체 상황을 요약해서 간단 명료하게 대답할 수 있어야 했다.

그런 큰스님을 오래 모시다 보니 나의 말투도 간단 명료해졌다. 꼭 필요한 말이 아니면 삼가고 필요한 말도 단답형으로 간단히 말하게 됐다. 큰스님의 성품만이 아니라 가식을 싫어하는 소탈함도 나를 그렇게 만들었다.

행자 시절엔 아무것도 몰랐는데, 반년 넘게 절 생활을 하고 시찬 소임을 맡아 큰스님 방을 자주 드나들게 되니 자연스럽게 산중의 상황을 조금씩 알게 됐다. 그런 와중에도 이해가 되지 않는 것은 맏상좌인 천제스님이나 원주스님과 같은 최고참 선배 스님들이 큰스님께 불려가 자주 야단을 맞는 일이었다.

'야단 맞을 일이 없는데 왜 불려 가 야단을 맞을까?'

한참을 궁금해하다 문득 떠오르는 생각이 있었다. 내 탓이 적지 않았다. 큰스님은 마당을 산책하다가 일하고 있는 나에게 슬며시 다가와 부엌 생활이나 살림살이, 어떤 때는 누가 왔다갔는지 등에 대해 물어보곤 하셨다. 행자 시절에야 아는 것이 없으니 별 대답할 것도 없었지만, 시찬 시절 조금씩 절 돌아가는 사정을 알게 되면서 아는 대로 이것저것 대답을 하게 됐다. 그것이 화근이었다.

큰스님은 금방 절에 들어와 아무것도 모르는 행자들의 말이 제일 믿을 만하다고 생각하고 계셨다. 행자들이야 아무 영문도 모르니 보이는 대로 듣는 대로 느끼는 대로 말할 뿐이다. 큰스님은 이런 행자들의 말과 스님들의 말이 틀리면 스님들이 좋은 의도든 나쁜 의도든 꾸며서 말한다고 생각하고 야단을 치시곤 했다.

그런 사실을 조금씩 눈치채면서 나도 말조심을 하지 않을 수 없게 됐다. 큰스님이 묻는다고 보고 들은 대로 얘기했다가는 사형들이 곤욕을 치를 수도 있다는 생각 때문이었다.

하루는 큰스님을 모시고 뒷산을 올랐다. 마침 새끼다람쥐 한 마리가 나타나 이리저리 쫓아다니며 먹을 것을 찾는지 숲속을 뒤지고 있었다. 큰스님은 걸음을 멈추고 바위에 걸터앉았다.

"저놈 재롱 한번 보고 가자."

잠시 새끼다람쥐를 지켜보던 큰스님은 갑자기 작은 돌을 찾아 새끼다람쥐의 머리를 맞혀 보라고 하셨다. 영문도 모르고 작은 돌을 하나 다람쥐 쪽으로 던졌다. 도망가기는커녕 도토리로 알았는지 쫓아와 입으로 물었다가 굴렸다가 난리였다. 그런 모습을 보던 큰스님이 말했다.

"지 죽으라고 던진 돌인 줄도 모르고 저렇게 지한테 주는 먹이라고 달려드는 저 새끼다람쥐가 얼마나 천진하냐. 좀 있어 봐라. 저 천진한 놈도 나중에 크면 사람 기척만 들어도 나 죽는다고 달아날 테니!"

큰스님은 다람쥐마저도 세상사에 닳지 않는 천진함, 꾸밈 없는 어린 그대로의 모습을 좋아하셨다. 큰스님을 따라다니던 무렵엔 다람쥐가 여기저기 많았는데, 요즘엔 백련암 근처에서도 다람쥐 보기가 어렵다.

가족과의
환속 전쟁

행자 시절 하루는 큰스님이 마당을 거닐다가 나에게 말을 걸었다.

"이놈아, 니 여기 온 지 몇 개월 됐노?"

"대략 서너 달은 된 것 같심더."

큰스님은 고개를 끄덕이면서 말했다.

"니도 너거 집에서 어지간히 귀찮아했던 놈인가 보제."

무슨 말인지 몰라 어리둥절해 하자, 큰스님이 설명해 주셨다.

"아니, 아들이 출가했으면 니 애비, 에미가 아들이 죽었는가 살았는가 찾아나서야제! 지금까지도 찾아나선 흔적이 없으니 니도 어지간히 부모 속내를 끓이다가 온 놈 아이가."

"아임니더. 지는 백련암에 간다고 얘기 다 하고 왔심더."

기죽기 싫어 대꾸를 했는데 큰스님은 딴소리다.

"니 애비, 에미가 중 된 줄 알면 기절초풍하겠제?"

그때까지만 해도 잘 몰랐는데, 큰스님의 말씀대로 행자 시절 통과의례처럼 겪어야 하는 일이 가족과의 만남이다. 출가자라면 반드시 거쳐야 하는, 그러나 피하고 싶은 홍역과도 같은 일이다.

가야산 깊은 암자에 있으면 세상 누구도 못 찾아올 것 같지만 그래도 어떻게든 수소문해서 용케들 찾아온다. 귀한 아들이 삭발하여 행자가 된 모습을 보고 많은 어머니들은 졸도한다. 가족, 특히 어머니의 낙담은 이만저만이 아닌 것이다.

가족이 찾아오면 행자들은 대부분 산으로 줄행랑 놓아 위기를 모면한다. 어머니 손에 붙잡히면 벗어나기가 쉽지 않은 탓이다. 어머니들은 일단 내 아들 찾아내라며 버틴다. 그러나 대개의 경우 산속으로 도망간 행자보다 찾아온 가족들이 먼저 항복하게 마련이다. 자기들 때문에 밥 쫄쫄 굶고 산속을 헤맬 행자를 생각하면 그 또한 좋은 일은 아니기 때문이다. 그럴 경우 암자를 떠나는 어머니의 당부도 대부분 비슷하다.

"오늘은 이만 돌아갑니다. 무사히 있는 줄 알았으니 그것만으로도 다행으로 생각합니다. 스님들이 잘 좀 돌봐 주십시오."

뒷산 어딘가에 숨어 있던 행자는 가족들이 하산하는 모습을 먼발치로 확인하고선 내려온다. 출가하고 가족이 수소문해 찾아오기까지 보통 두어 달 정도 걸린다. 첫 만남을 피했다고 그냥 끝나지는 않는다. 처음에 돌아갔던 가족은 다시 오게 마련인데 마냥 피할 수만은 없다. 무작정 끌고 내려가려는 가족을 설득해서 돌려보내는 것도 쉽지는 않다. 특히 누이도 아닌 젊은 여자가 펑펑 울어대 난감해하는 행자들이 간혹 있는데, 그런 경우 환속하는 확률이 높았던 것으로 기억된다.

가족과의 한바탕 소동이 있던 날이면 큰스님은 저녁 예불을 마치고 큰방에 들러 한마디 했다. 가족을 따라가지 않은 경우엔 "야, 오늘 전쟁 볼 만하데. 이놈아, 따라가지 왜 여기 앉아 있어. 안 그러나?" 하며 대단히 만족해하셨다. 하지만 기어이 행자가 끌려간 날 저녁이면

"그 자슥, 보기는 멀쩡한데 그렇게 강단이 없어. 불알을 어디 떼버린 모양이제. 그래 갖고 세상 나가서 우째 살라 하는고" 하며 아쉬워하셨다. 그리고 며칠이 지나도록 혼자말로 "괜찮은 놈인데……"라고 중얼거리기도 하셨다. 나의 경우엔 큰스님이 직접 나서 어머니를 꾸짖는 바람에 어렵지 않게 가족과의 전쟁을 끝낼 수 있었다.

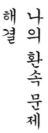

나의 환속 문제 해결

공양주 행자 시절의 일이다. 아침 공양 시간이 다 됐는데도 반찬을 준비해야 하는 채공 행자가 나타나지 않았다. 원주스님에게 채공 행자가 보이지 않는다고 알렸다. 원주스님은 부엌으로 들어서며 한마디 했다.

"야반도주했구먼."

야반도주란 말이 실감나지 않았다. 당장 채공 행자의 역할까지 내가 맡아야 하는 것 아닌가 하는 걱정이 앞섰다. 도망친 행자가 원망스러웠다.

'오는 사람 말리지 않고, 가는 사람 붙잡지 않는다'는 것이 절집의 철칙이다. 쉬운 말로 '오는 사람 반가워하지 않고 가는 사람 서운해하지 않는다'는 뜻이다. 더 짧게 말해 '오면 오고, 가면 가는가' 하는 태도다. 그러니 아무도 모르게 혼자 야밤에 떠나는 것이 서로에게 폐를 끼치지 않는 이별 문화로 자리잡은 것이다.

이런 문화에 익숙해지기까지 쉽지만은 않았다. 처음 몇 번 그런 일을 당했을 땐 다리에 힘이 빠지고 며칠 동안 사람이 괜히 멍청해지는 느낌이었다. 그러나 세월이 지나면서 어느덧 절집의 이별 문화에 익숙해질 수 있었다.

나의 경우는 환속 문제가 별로 복잡하거나 심각하지 않았다. 많은 시행착오에도 불구하고 야반도주를 생각지 않았을 뿐만 아니라, 가족과의 환속 전쟁도 그리 힘겹지 않았다. 성철스님의 지원이 있었기 때문일 것이다.

큰스님이 "출가한 지 얼마나 됐노"라고 물어 온 지 얼마 지나지 않아 어머니가 백련암으로 날 보러 왔다. 삭발한 나를 보고는 아니나 다를까 그만 졸도해 버렸다. 한참 후 깨어나자마자 "이놈아, 니가 이럴 수 있느냐"며 대성통곡을 했다. '큰스님에게 들키면 어쩌나' 하고 속만 태우고 있는데 언제 나타났는지 벼락같은 호령이 뒤에서 들렸다.

"아들 데려갈 힘 있으면 업어 가면 되지, 뭐 그렇게 울고 있어!"

큰스님이 어머니를 뚫어지게 바라봤다. 큰스님의 기세에 눌렸는지 어머니가 울음을 그쳤다.

"아임니더. 하도 억울해서 그럽니더. 출세나 하기를 바랐는데 뜬금없이 중이 되어 버렸으니 이렇게 원통할 데가 어디 있능교?"

말을 마친 어머니가 다시 통곡을 시작했다. 그러자 곧바로 큰스님의 꾸중이 이어졌다.

"부처님 제자가 되면 구족九族이 극락왕생한다는데 아들 출세가 뭐 그리 대순가. 아들이 귀한 것이 아니라 아들 출세가 더 욕심이구먼. 그런 욕심 버리고 아들 중 노릇이나 잘하라고 불전에 기도나 열심히 해야지, 여기서 방성대곡이나 하면 되겠어!"

큰스님의 호통을 듣던 어머니가 울음을 그쳤다.

아들을 환속시키려던 마음을 포기한 듯 절집 생활을 묻고 절간을 둘러보더니 땅거미가 내리려 하자 발걸음을 돌렸다.

"큰스님만 믿고 갑니더."

언젠가는 한 번 치러야 할 통과의례를 이렇게 어렵잖게 마칠 수 있었다. 그런데 그날 이후로 출가 소문을 들은 친구들이 몰려오기 시작했다. 가깝게 지내던 한 친구가 먼저 찾아와 뒷방으로 나를 끌고 갔다.

"니 미쳤나?"

한참 입씨름을 벌였으나 내 마음이 전혀 움직이지 않음을 알고는 이내 시무룩해졌다. 절 마당으로 같이 나왔다가 큰스님과 마주쳤다.

"중 데리러 왔나?"

"예. 그런데 영 말을 안 듣심더."

"그래? 그럼 간단하네. 너거 둘이 팔씨름해서 이기는 놈 따라 하기로 해라."

"팔씨름하면 제가 집니더."

"그래, 그러면 니도 친구따라 중 되라."

"아이구, 아닙니더. 저는 중 못 됩니더."

"중도 못 될 놈이 중은 왜 찾아와!"

큰스님의 일갈로 그렇게 통과의례는 끝이 났다. 그러나 친구는 한번 더 잘 생각해 보라는 당부를 잊지 않았다.

숙박비 삼천 배

친구들 사이에 출가 사실이 알려지면서 환속을 독촉하기 위해 찾아오는 친구들도 있었지만 그런 생각 없이 오는 경우도 있었다.

산중 암자를 찾아온 친구들과 환속으로 승강이를 벌이거나 지난 얘기를 하다 보면 시간이 늦어져 절에서 재워 줘야 하는 일이 잦았다. 친구들이 들락거리는 것을 보고도 한동안 성철스님은 아무 말씀도 하지 않으셨다. 그러다 어느 날 명이 떨어졌다.

"앞으로 니 찾아오는 사람은 누구라도 삼천 배 시키고 재워라. 삼천 배 안 하면 무조건 쫓아 버려야지 재우면 안 된다이."

그런 주의를 받고 한참 지나도록 친구들의 발길이 뜸하더니 두어 달 지난 어느 가을날 친구 둘이 나타났다. 해거름에 도착했으니 자고 가야 할 형편이었다. 그런데 막상 멀리서 찾아온 친구들에게 자고 가려면 삼천 배를 해야 한다고 말할 용기가 나지 않았다.

이 친구들은 이미 내 얘기를 들어서인지 환속 얘기는 꺼내지도 않았다. 큰스님이 도인이니까 동양철학에도 도가 통했을 것이니 사주나 한 번 보려고 왔다는 것이다. 순간 무어라 할 말을 잃었다. 나는 불교와 동양철학이 다르다고 거듭 설명했다.

"큰스님은 지금까지 동양철학에 대해서는 한마디도 입에 올리지 않았을 뿐 아니라, 설법할 때도 사주 같은 것은 부처님의 가르침이 아니라고 하시는데 어떻게 그런 부탁을 해?"

나중엔 아예 통사정을 했다. 삼천 배 얘기는 꺼내지도 못했는데 저녁 9시 취침 종소리가 울려 퍼졌다. 그때 방문이 와장창 부서지는 소리를 내며 확 열렸다. 어느새 성철스님이 나타나 화등잔 같은 눈을 부라리며 고함을 쳤다.

"이놈아, 다음에 누가 와도 삼천 배 시키지 않으면 못 잔다고 내가 안 캤나. 근데 절은 안 시키고, 9시 지난 지가 언젠데 아직 이야기만 하고 있나, 이 나쁜 놈아! 삼천 배 안 하려면 이놈들 다 쫓아 버려!"

나만 혼비백산한 것이 아니다. 친구들도 기절초풍해 보따리를 챙겼다. 나는 친구들을 백련암에서 재우지 않고 쫓아내겠다며 큰스님께 싹싹 빌었다. 부랴부랴 손전등을 찾아들고 캄캄한 오솔길로 친구들의 등을 밀었다. 떠밀려 쫓겨나는 친구들의 불만은 당연했다.

"야! 너거 스님 대단하네. 우리는 중생 아이가. 스님이 중생에게 대자대비로 대해야지, 그것도 초면에 이게 무슨 난리고. 또 하룻밤 절에 재워 주는 것이 뭐 그리 대단하다고 이 깜깜한 밤중에 쫓아내노. 너거 스님 진짜 괴짜네."

친구들에게 미안했다. 그들의 말처럼 초면에 다짜고짜 면박을 주고, 삼천 배 안 한다고 한밤중에 캄캄한 산길로 쫓아냈으니 오죽 황당했겠는가. 아무것도 모르고 큰스님께 사주 보러 왔다가 큰 봉변을 당한 셈이다.

친구들을 달래고 달래서 절 아래 마을 여관에 방을 잡아주고 다시 백련암으로 올라오니 밤 12시가 넘었다.

잠을 자는 둥 마는 둥 하고 일어나 아침 공양을 준비해 큰스님 방으로 들어갔다. 공양상을 받으시면서 큰스님이 넌지시 묻는다.

"어제 그놈들 우째 됐노?"

속으로는 '이왕 여기까지 왔는데 그냥 하루 묵고 가게 하실 것이지, 한밤중에 야박하게 쫓아낼 것까지야 있었습니까' 하는 마음이 없지 않았지만 그렇게 말씀드릴 수는 없었다.

"어젯밤에 여관으로 쫓아 보냈심더."

섭섭해하는 표정을 읽으셨는지 큰스님이 내 얼굴을 보며 빙긋 웃는다.

"이놈아! 삼천 배 안 한다고 온 놈들을 한밤중에 쫓아 버렸으니, 이제 그 소문 나면 니 찾으러 아무도 안 올 끼다. 두고 봐라."

아주 확신하는 말투였다. 역시 큰스님의 예언은 맞았다. 그 이후로는 친구들의 발걸음이 뚝 끊어지고 말았다.

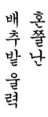

혼쭐난
배추밭 울력

환속 소동이 마무리되고 친구들의 발걸음도 끊어질 무렵 김장철이 다가왔다. 김장거리로 심었던 배추, 무는 말 그대로 청정채소다.

해우소에 채워 놓았던 풀을 썩혀 만든 두엄으로 거름을 썼으며, 풀벌레도 약 대신 손으로 잡아내곤 했다. 스님들이 먹는 음식은 득도를 위한 밑거름이기에 이같이 각별한 정성을 기울였다.

가을이 깊어 단풍이 드는가 싶더니 이내 낙엽이 되어 떨어지기 시작할 무렵, 울력을 알리는 목탁이 울렸다. 원감(채소밭을 관리하는 직책)을 맡고 있는 스님의 작업 지시가 이어졌다. 날씨가 추워지고 낙엽이 떨어지니, 배추가 얼지 않고 낙엽이 배추 속으로 들어가지 않게 짚으로 배추 끝을 꼭꼭 묶어 주어야 한다는 것이다.

일제히 골을 따라 배추 끝을 묶어 나가기 시작했다. 허리를 구부리고 일을 하니 힘이 들고 허리가 아파 왔다. 그래도 열심히 묶어 나갔다. 얼마를 하다가 허리도 쉴 겸 몸을 쭉 펴고 주위를 둘러보니 분위기가 이상했다. 울력이라면 내가 항상 꼴찌인데, 오늘은 내가 일등이 아닌가. 다른 대중스님들은 나보다 한참 뒤처져 있었다.

뭔가 좀 이상하긴 했지만 작업 반장격인 원감스님이 별말을 하지 않기에 그대로 계속 해나갔다. 어느 정도 시간이 흘렀고, 여느 때처럼 성철스님이 둘러보러 내려오셨다. 아니나 다를까 내 곁으로 오시더니 고함을 치셨다.

"원택이, 이놈아!"

무슨 영문인 줄도 모르고 있는데 큰스님이 성큼성큼 다가와선 느닷없이 밀쳐 버리셨다. 엉겁결에 넘어져 엉덩방아를 찧고 말았다.

"이놈아! 일을 모르면 묻든가, 아니면 남 하는 것을 눈여겨보든가 해야지, 맨날 이 모양이제!"

도대체 왜 내가 야단을 맞는지 이유를 알 수가 없었다. 큰스님은 내 귀를 잡아당기며 다른 사형들이 일하는 골로 끌고 갔다.

"니 해논 거 하고, 이거 하고 한번 비교해 봐라. 뭐가 틀리는지. 세상에 이런 멍청이가 어디 있나? 우리 집에 앞으로 도인났다 하면 이 멍청이 원택이가 될 끼다. 우째 이래 모르노!"

그때까지도 뭐가 잘못 됐는지 몰랐으니 나도 참 눈썰미가 없긴 없었다. 한참을 혼나고 나서야 원감스님이 다가와 자세히 설명을 해주었다. 내가 원감스님의 말을 잘못 알아들었던 것이다.

그냥 하얀 배추 속살의 잎끝만 묶어 주는 것이 아니었다. 누렇게 변해 땅바닥에 처져 있는 큰 배추잎을 손으로 일으켜 세워 배추 속살을 감싸 묶어 주어야 했다. 그래야 속이 얼지 않고 알이 차고 또 낙엽이 배추 속으로 들어가지 않는다. 그것도 모르고 땅에 처진 잎은 그대로 두고 멀쩡히 서 있는 배추잎만 묶었으니 남들보다 엄청 빠를 수밖에 없었다.

지금까지 한 일은 모두 헛일이 돼 다시 시작해야만 했다. 앞이 막막한데 큰스님이 절로 올라가면서 한마디 쐐기를 박았다.

"저 멍청이가 지 일 다 마칠 때까지 아무도 도와주지 말아라!"

남들은 일이 거의 다 끝났는데 이제 새로 시작하려니 허리가 더 뻐근해 오는 것 같았다. 큰스님의 명이 있었으니 다른 스님들은 도와줄 엄두도 못내고 엉거주춤 서서 구경만 하고 있었다. 원감스님이 다가오더니 얼굴이 벌겋게 달아 있는 나의 어깨를 툭 쳤다.

"그래도 오늘 원택스님은 큰스님한테서 큰 수기受記(약속이나 예언)를 받았으니 얼마나 좋아. 앞으로 백련암에 도인이 나온다면 그거는 원택이라고 큰스님이 말씀하셨잖아. 나도 꾸중이라도 그런 소리 한 번 들어봤으면 좋겠다."

위로하는 건지, 핀잔하는 건지 원감스님이 능청을 떨었다. 허리는 부러질 듯 아팠지만 그래도 듣기 싫지는 않았다. 지금 생각해도 그저 큰스님께 송구스러울 따름이다.

빈틈없는 하루의 시작

성철스님은 새벽 3시 전에 일어나 꼭 백팔 배 예불을 올렸다. 새벽에 눈을 부비고 일어나면 벌써 큰스님 방에선 염불 소리가 들린다. 그런데 예불이 끝나고 아침 공양 때까지 방에서 무얼 하시는지는 알 수 없었다. 그냥 좌선하시는 것인지, 책을 보시는지, 아니면 그냥 누워 쉬시는지 방에 들어가 보지 않고는 알 길이 없었다.

그러다 시찬 소임을 맡아 큰스님 방을 들락거리다 보니 자연스럽게 큰스님이 새벽 시간을 어떻게 활용하는지 조금씩 알게 되었다. 처음 큰스님의 새벽 방 모습을 보게 된 것은 어느 날 새벽에 있었던 소동 덕분이었다.

지금처럼 수세식 해우소나 세면 시설이 건물 내에 없었기 때문에 시찬은 항상 큰스님 방 안 양동이에 물을 채워 놓아야 했다. 그러면 큰스님은 그 물로 세수하고 뒷문을 열어 마당에 버리곤 하셨다.

하루는 큰스님이 문 밖으로 소리를 지르셨다.

"양동이에 물이 와 없노!"

전날 밤 깜빡한 것이다. 헐레벌떡 물을 떠다 양동이에 붓고, 흘린 물을 닦으려고 걸레를 들고 다시 방으로 들어갔다. 그런데 큰스님이 옷을 벗고 계셨다. 옷이래야 저고리 하나다. 큰스님은 속옷을 입지 않으셨다. 상체에 열이 많아 속옷을 걸치면 답답해서 못 견딘다고 하셨다. 반면 다리 쪽은 추위를 많이 타 겨울에는 핫바지를 입고 내복을 두 겹이나 걸친 다음 다시 개실로 짠 털버선을 신어도 발이 시리다고 하셨다.

깜짝 놀란 나는 '뭘 하시려고……'라는 생각에 물끄러미 바라봤다. 큰스님은 내 마음속을 꿰뚫어 본듯 말씀하셨다.

"내가 지금부터 뭘 하는지 한번 볼래?"

수건을 물에 담가 적셨다가 다시 꼭 짰다. 그리고 그 물수건으로 전신을 마찰하기 시작했다. 마찰하다 물기가 말랐다 싶으면 다시 담갔다가 짜서 문질렀다. 손과 팔에서 시작하여 목과 어깨, 가슴, 등, 다리 순으로 빡빡 밀었다.

한번 세운 원칙은 끝까지 지키는 큰스님은 나중에 알고 보니 1년 365일 하루도 빠짐없이 냉수마찰을 했던 것이다. 그 이후로 큰스님 방에 물을 떠다 놓는 일에 한결 정성을 쏟지 않을 수 없었다.

그로부터 얼마 지난 어느 날 새벽, 여쭐 말씀이 있어 큰스님 방에 들어갔는데 큰스님이 땀을 뻘뻘 흘리며 운동을 하고 계셨다. 숨까지 가빠 오는 상당히 고난도의 요가 비슷한 체조였다. 한참 운동하시는데 뭐라고 여쭙기가 어색해 바로 물러나왔다. 그리고 얼마 지나 아침 공양상을 들고 들어갔다.

"니, 새벽에 내가 하는 것이 뭔지 아나?"

내가 궁금해할 줄 알고 묻는 것이다.

"무슨 요가하시는 것 같았심더."

"임마, 요가하고 새벽에 내가 한 체조하고는 다르다. 요가하는 것이 아니라 그동안 전래돼 온 맨손운동을 내가 정리했제. 그리고 하루도 안 빠지고 매일 한다 아이가."

큰스님은 우리에게 그 체조를 가르쳐 주려 하지 않았다. 배우기가 어려울 것 같아 차일피일 미루고 말았는데, 결국 배우지 못하고 말아 지금도 아쉬움이 많이 남는다. 이처럼 큰스님의 새벽 일과는 한가하지 않았다. 새벽 3시면 어김없이 백팔 배 예불을 올리고, 선 체조를 하고, 냉수마찰을 하는 데 족히 한 시간은 넘게 걸렸다. 큰스님은 그렇게 빈틈없이 하루를 시작했다.

그러나 우리에게 냉수마찰이나 선 체조를 하라고 하지는 않으셨다. 새벽부터 저녁까지 일과를 쫓아가기에도 바빴던 당시엔 그런 일을 시키지 않는다는 사실을 매우 다행스럽게 생각했다. 하지만 큰스님이 가신 지금, '참으로 어리석게 살았구나' 하는 아쉬움이 무겁게 남아 있다.

행자 실력 테스트

출가해 스님이 되는 일에 어떤 일정한 코스가 있는 것은 아니다. 잘 모르기는 하지만 기독교 성직자의 경우 신학대학이나 대학원 같은 교육 기관을 졸업하고 다시 일정한 과정을 이수하는 등의 절차가 있다. 많은 사람들이 기독교의 성직자 과정에 비춰 불교도 동국대학교를 졸업하거나 승가대학을 졸업해야 스님이 되는 줄로 알고 있다.

그러나 절집의 현실은 그렇지 않다. 내가 출가할 때만 해도 학벌도 묻지 않고, 나이도 묻지 않고, 과거도 묻지 않았다. 그저 절에만 들어오면 머리 깎고 먹물옷을 입혀 주었다. 행자라는 수습 과정을 1년 정도 거치면 스님으로 대접해 주었다. 그리고 스님이 되고 나서야 강원이나 동국대학교, 승가대학에 입학해 공부를 할 수 있다. 정규 교육 과정을 꼭 지켜야 하는 것이 아니기에 어떤 스님들은 곧바로 선원을 찾아 참선 수행에 들어가기도 한다.

내가 백련암으로 출가할 즈음 "성철스님은 대학 출신만 상좌로 삼는다"는 말이 퍼져 있었다. 친구 스님이 백련암으로 출가할 때 한국대학생불교연합회 출신 너댓 명이 한꺼번에 큰스님의 지도로 출가해 그런 소문이 난 모양이다.

행자 생활과 시찬 소임을 거치는 동안, 그리고 그 이후에도 많은 행

I do not know what I may appear to the world;
but to myself I seem to have been only like
a boy playing on the seashore, and diverting
myself in now and then finding a smoother pebb-
le or a prettier shell than ordinary, whilst the
great ocean of truth lay all undiscovered before
me.   Sir Isaac Newton

내가 세상에 어떻게 보일런지 모르나; 그러나 나에게는 내가
바닷가에서 놀때 대개는 미끄러운 조각돌이나 보다 아름다운
조개껍질을 찾으며 스스로 재밌기는 오직 한 소년같이 생각
된다. 하노라 그러나 진리의 바다는 조금에 발견되지 않은채
나의 앞에 모여 있다   아이삭 뉴튼 경

성철스님은 뉴턴의 영문 원서에서 감흥을 얻으신 구절을 적고
직접 번역까지 해놓으셨다. 출가 이전부터 플라톤에서 칸트, 마르크스에 이르기까지 동서양의
고전을 두루 섭렵하시고 메모를 남겨 놓으셨다.

자가 백련암을 오고 갔다. 당시 큰스님은 새로 절에 들어온 행자가 대학 졸업생이라고 하면 꼭 전공을 물었다. 그러곤 넌지시 실력을 테스트했다.

불문과를 졸업했다고 하면 어디서 불어책을 가져와선 아무 쪽이나 펼쳐 보이면서 해석해 보라고 하셨다. 또 독문과라고 하면 헤세인지 괴테인지의 글을 가져와 번역해 보라고 하기도 했다. 일종의 즉석 시험이다. 만약 당황해서 해석을 못하고 떠듬거리면 영락없이 핀잔을 준다.

"야 이놈아, 니가 우찌 대학을 졸업했노?"

얼떨결에 당한 행자는 얼굴이 벌겋게 달아오르며 무안하기 이를 데 없다. 큰스님은 언제 그렇게 많은 분야를 두루 공부했는지, 전공마다 나름대로 행자를 당황케 할 만한 질문을 잘도 던졌다. 제대로 대답하면 당연한 것이고, 못하면 예의 핀잔이다. 나도 큰스님의 테스트를 그냥 지나칠 수는 없었다. 행자 시절 어느 날 큰스님이 불쑥 물어 왔다.

"니 정치외교과 나왔다 했제?"

나는 연세대 정치외교학과를 졸업했기에 "예, 그렇습니더" 하고 대답했다.

"비스마르크가 평생 한 번 왜, 언제 울었는지 말해 봐라."

앞이 캄캄했다. 비스마르크가 독일 통일을 이룬 프러시아의 철혈 재상이라고만 배웠지, 언제 울었는지 웃었는지는 전혀 몰랐다. 솔직하게 대답했다.

"왜, 언제 울었는지 그것까지는 알 수 없는 일 아닙니꺼?"

역시 핀잔이 돌아왔다. 그리고 자세한 설명이 따랐다.

"니도 별 수 없네. 내가 가르쳐 주지. 프러시아가 독일을 통일한다 꼬 그렇게 국민들을 쥐어짜고 했는데, 나중에 그 앞장을 섰던 비스마르크도 권력을 내놓고 고향으로 낙향하게 됐거든. 그때 비스마르크가 가는 길에 국민이 몰려나와 '비스마르크 만세'라고 외쳤다는 거야. 그때까지 비스마르크는 자기가 국민을 힘들게 했으니 응당 국민이 자기를 미워할 줄 알았는데, 막상 낙향해 가는 자기를 그렇게 환영해 주니 아무리 철심장인 비스마르크도 그만 감동하여 일생일대에 처음 눈물을 흘렸다고 안 하나."

큰스님은 비스마르크의 성격, 설정한 목표를 향한 철혈 같은 매진과 그 가운데 담겨진 사랑의 마음을 좋아했던 듯하다. 핀잔과 혀를 차는 소리로 설명은 마무리됐다.

"그런 것도 모르는 놈이 뭘 정치외교 공부했다고, 쯧쯧."

큰스님은 제자들에게 참선을 강조하느라 책을 읽지 말라고 하셨지만 스스로는 누구보다 책을 아끼고 즐겨 읽었다. 제대로 된 건물 하나 없던 백련암에 '장경각'이란 서고를 별도로 만든 것도 큰스님의 책 사랑 때문이다.

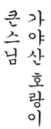

가야산 호랑이 큰스님

성철스님이 성격이 급하고 격하단 사실은 스님들 사이에선 널리 알려져 있다. 예컨대 큰스님이 찾는다 하면 숟가락을 입에 넣었더라도 그 밥을 다시 뱉어 놓고 얼른 달려가야지, 입 안에 밥 들었다고 다 씹어 넘기고 가면 벌써 늦는다.

언젠가 송광사 불일암에 머물던 법정스님을 찾아가 성철스님의 저서《본지풍광》과《선문정로》의 윤문과 출판을 부탁하며 며칠 같이 머물던 때였다.

글 잘쓰기로 유명한 법정스님은 이렇게 말하곤 했다.

"해인사 방장 성철스님과 송광사 방장 구산스님 두 분의 성격이 너무나 대조적이야. 내가 언제 한번 이 두 분 큰스님의 비교론을 써봐야겠어."

법정스님은 성철스님이 방장으로 있던 해인사의 큰절에서 오래 살았고, 당시엔 송광사에 머물던 터라 두 총림의 지도자상을 잘 비교할 수 있는 위치였다. 법정스님이 이런 얘기를 들려준 적이 있다.

"구산스님은 아침마다 빗자루를 들고 나오셔서 대중보다 먼저 청소하는 모범을 보이시는 분이지. 그런데 성철스님에게서는 그런 모습을 전혀 볼 수가 없어. 구산스님은 제자들을 지도하실 때도 자상하게 감싸주는 편인데, 성철스님은 아주 성한 살에 상처를 내 소금을 뿌리는 격이거든.”

처음에 출가해서 나도 큰스님의 성격을 맞추지 못해 애를 먹었다. 큰스님, 그렇게 널리 알려진 도인이라면 텔레비전에 나오는 산신령처럼 굵은 저음에 부드럽고 좋은 말만 골라서 천천히 말하리라 상상했었다. 그러니 얼마나 실제 큰스님의 모습과 반대인가.

물론 평소에야 감정 표현이 없는 편이시지만 일단 화가 났다 하면 고함을 지르며 박한 말만 골라 퍼부었다. 그래서 급할 때는 삼십육계가 최상이다. 왜냐하면 아무리 큰 야단이라도 그때뿐이기 때문이다. 그 고비만 넘기면 또 언제 그런 일이 있었냐는 듯이 아무렇지도 않다. 그러니 그나마 큰스님을 모시고 살 수 있었던 것 같다.

내가 백련암에 들어와 큰스님의 성정을 생생히 목격한 일은 ‘누운 향나무’ 사건이다. 누운 향나무는 가야산 중턱에 있는 토종 향나무인데, 큰스님이 좋아해 몇 그루 캐다가 백련암 앞 화단에 심어 놓았다. 백련암에 공사가 있어 시멘트 포대를 화단가에 쌓아 두게 된 날이었다.

큰스님이 마당에서 산책을 하다가 누운 향나무 가지 하나가 시멘트 포대에 눌려 있는 것을 봤다. 큰스님은 마침 지나가던 한 스님에게 말했다.

“향나무 가지가 저렇게 눌려 있는데, 니 보기 좋나?”

시멘트 포대를 치우라는 명령이다. 그런데 마침 지게에 짐을 지고 가던 그 스님은 “예” 하고 대답하고는 지게의 짐을 내리느라 큰스님의 명령을 깜빡 잊었다.

큰스님은 그야말로 가야산 호랑이란 별칭에 걸맞을 정도로 산중을 뒤흔드는 고함을 지르셨다.

"어른 말이 얼마나 말 같잖으면, 향나무 가지 좀 편하게 해주라는데, 뭣이 바빠서 말도 안 듣노. 아까 그놈 당장 불러와!"

그 기세에 눌려 아무도 가까이 가지 못하고 벌벌 떨고 있었다. 그러자 큰스님은 향나무 가지를 누르고 있는 시멘트 포대를 갈기갈기 찢었다. 원주스님이 달려가 백배 사죄하고서야 포대를 겨우 치울 수 있었다.

성철스님은 그런 자신의 성격을 누구보다 잘 알고 있었다. 내가 출가하던 그해, 큰스님이 환갑이 됐는데 40~50대에는 성격이 더 불같았다고 한다. 백련암에 자리를 잡은 것이 1967년인데, 그 무렵엔 잘못한 일이 있으면 신발을 벗어서 등짝을 내리쳤다고 한다.

물론 60대 큰스님이 그럴 수는 없었지만 그런 결기는 여전히 느껴지던 무렵이었다. 큰스님이 화를 냈다가 풀어진 어느 날 한마디 던지셨다.

"내가 옛날에 비하면 지금 보살이 다 됐제?"

삼천 배를 하면

　성철스님의 가장 자상한 모습은 삼천 배를 마친 일반 신도의 인사를 받을 때에 볼 수 있다. 삼천 배를 마친 신도에게는 "애 썼다" "수고 많았다"는 등의 격려를 아끼지 않을 뿐 아니라 직접 쓴 법명과 화두, 그리고 직접 그린 원상圓相까지 주신다.

　화두는 신도의 성격과 불심에 맞춰 주었는데, 대개 삼서근을 많이 주셨다. 말년에는 아예 삼서근의 내용을 간단히 풀어 쓴 인쇄물을 준비해 뒀다 주기도 하셨다.

　원상, 즉 동그라미는 깨달음의 세계를 상징하는 그림으로 처음도 끝도 없는 영원함과 완전한 깨달음을 상징하기에, 집으로 돌아간 신도가 벽에 붙여 놓고 수시로 바라보며 마음을 가다듬을 수 있게 한다는 취지다. 큰스님은 원상을 주면서 "집에 가서도 참선 잘하고, 백팔 배를 매일 빠지지 않고 꼭 하거래이"라는 당부도 잊지 않았다.

　반대로 삼천 배를 다 못한 사람에겐 매몰찼다. 큰스님 앞에 서지도 못하게 했다. 혹시 앞에 나타나면 불호령이 떨어진다.

　"죽어 썩어질 몸뚱아리에 그리 애착이 많으니, 니가 무슨 삼천 배를 할끼고?"

　삼천 배를 못하고 큰스님의 꾸중을 듣고 절을 내려가는 신도들의 반응은 대개 두 가지로 나뉜다. 많은 경우 여러 불가피한 사정으로 삼천 배를 하지 못해 애석한데, 구박까지 받으니 서럽다는 반응이다. 다시는 백련암 쪽은 쳐다보지도 않겠다고 반감을 표시하는 사람도 있었다. 반면 집에 가서 절하는 연습을 열심히 하고 다시 찾아와 삼천 배를 기어이 마치는 경우도 적지 않았다.

큰스님이 백련암 스님들에게 인자한 모습을 보이는 때는 저녁 무렵 안마를 받을 때다. 가끔 큰스님의 팔다리를 주물러 드릴 때면 무섭던 모습은 어딜 가고 자상한 노인의 모습만 남아 있었다.

이런 때면 이것저것 물어보기도 하고, 큰스님이 알고 있는 지난 얘기들을 허물없이 해주시곤 했다. 그중 지금도 생생하게 기억될 정도로 큰스님이 자주, 그리고 힘주어 강조한 이야기는 의리에 관한 것이었다. 그 줄거리는 이러했다.

일본 식민지 시절, 그때는 세상이 쉴새없이 격변하던 때였다. 양반 집에 종살이를 하던 사람이 있었는데, 어찌어찌 독학해 고시에 합격을 했다. 나중엔 충청도 지사 자리에까지 오르게 됐다. 그런데 그 지사는 자신의 출세를 남들에게 앞세우거나 자랑하지 않았다. 오히려 명절이 되면 늘 옛날 양반 어른을 찾아가 인사를 올렸다. 비천한 자신의 과거가 드러나는 일임에도 불구하고 어릴 적 자신을 거두어 준 주인 양반에 대한 감사의 마음을 잊지 않았다는 것이다.

큰스님이 이 이야기 말미에 항상 놓치지 않는 말씀이 한마디 있다.

"보통 사람이면 그래 했겠나. 몰락해 가는 양반, 찾아보나마나 마찬가지겠지만 그 사람은 그렇게 안 했다. 사람은 그렇게 의리가 있어야 하는 기라."

큰스님이 평생 살아오면서 어떤 의리 없는 사람을 얼마나 많이 봤는지는 모르지만, 팔다리를 주무르느라 정신이 없는 우리에게 사람은 의리가 있어야 한다는 것을 거듭 강조하시곤 했다. 그러고는 우리를 한번 죽 둘러보며 다시 한마디 하신다.

"너거 놈들한테 의리를 강조하는 내가 글렀제! 안 그러나?"

큰스님이 기분이 좋은 때라 우리도 말대답을 빠뜨리지 않았다.

"안 그렇심더. 큰스님 말씀대로 의리 있도록 노력하겠심더."

우리는 사극에 나오는 신하들처럼 일렬로 앉아 머리를 조아린다. 그러면 큰스님은 기분 나쁘지 않다는 표정으로 이야기를 마무리지셨다.

"이놈들아, 내가 어디 받을 데가 없어 너거들한테 의리를 받을라카나? 내가 아니고 너거들 앞으로 살면서 서로서로 의리를 지키고 화합하고 힘써 정진하라는 말이지. 곰 새끼들인 너거들한테 내가 무슨 의리 타령을 하는지 모르겠다."

무관심한 절 살림

성철스님은 평생 수행에만 전념했을 뿐 다른 일엔 거의 신경을 쓰지 않았다고 할 수 있다. 당연히 외부와의 접촉도 별로 없었으며, 해인사라는 큰절의 살림살이에도 관여하는 일이 거의 없었다. 말하자면 철저하게 선승으로 일관한 삶이었다. 그러니 당연히 큰절 살림에 대해 구체적으로 알지 못했다.

성철스님이 큰절 살림에 참견하는 경우는 어쩌다 큰절에 사는 스님이 올라와 잘못된 일에 대해 보고했을 때다. 그러면 득달같이 주지스님을 불러 올려 호통을 치시곤 했다. 성철스님에게 직접 절집 살림 얘기를 할 정도면 대부분 산내에서 무게 있는 중진 스님들이다. 그런 스님들의 경우 특정 사안을 얘기한다기보다 이런저런 얘기를 하며 차를 마시다 돌아간다. 무슨 못마땅한 소리를 들었을 경우 성철스님은 손님이 시야에서 채 사라지기도 전에 호통을 치신다.

"주지 올라오라고 해. 유나도 오라카고."

대개 절집의 살림을 책임지는 주지를 주로 부르지만, 참선 공간인 선방을 책임지는 유나도 자주 불렀다. 어떤 경우에는 특정 스님을 지목해 부르기도 했다. 그럴 때마다 영문을 모르는 우리는 우왕좌왕하기 일쑤였고, 방장스님이 부르신다는 소리에 놀란 스님들은 뭐 때문에 그러는지 좀 얘기해 달라며 안절부절 못한다.

산길을 숨차게 올라온 스님들이 모이면 성철스님은 자신이 들은 얘기를 그대로 반복하곤 했다.

"금방 아무개가 내한테 왔다갔는데, 요새 해인사 사정이 이렇다면서……."

그대로 노기를 뿜어내면 주지나 유나스님이나 모두 성철스님의 격한 성격을 잘 아니까 일단 잘못했다고 빌고 본다.

"저희가 미처 모르고 그랬습니다. 앞으로는 잘 살필 테니 이번 일은 너그러이 살펴주십시오."

성철스님은 한참 동안 얼굴을 붉으락푸르락하다가 한번 으름장을 놓는다.

"앞으로 또 그런 일이 있으면 가만 있지 않을 거야. 자, 이제 어서들 가 소임을 잘 보도록 해."

그러면 스님들은 휴우 하며 한숨을 내쉬고 놀란 가슴을 쓸어 내리며 방에서 물러나왔다.

문제는 큰스님이 있는 그대로 얘기하는 바람에 해인사 살림살이를 일러바친 스님이 곤욕을 치러야만 했던 점이다. 예컨대, 큰스님이 "원택이가 그러던데……"라고 하면, 당연히 주지스님은 방장스님 방에서 물러나오자마자 나를 찾게 마련이다. 그러니 당연히 산중에는 "방장스님께는 아무 말씀도 못 드린다"라는 말이 떠돌았다. 나도 뭐라고 말했다가 핀잔만 받을까 봐 한동안 아무 얘기도 못하고 지냈다. 그런데 그런 사정이 성철스님 귀에까지 들어갔다. 하루는 방 청소를 하고 있는데 큰스님이 넌지시 물었다.

"아레께 주지 불러 야단쳤더니, 주지가 큰절에 가서 아무개하고 크게 붙었다면서?"

잠시 망설이다가 용기를 내 솔직히 말했다.

"큰스님께서 얘기한 스님 이름을 거명하시니까 주지스님은 고자질했다고 생각해 가만 있지 않는 것입더. 말씀하실 때 그 스님 이름은 빼시고, '내가 들으니 이런 말이 들리는데 주지는 어떻게 생각하노' 정도로만 하시는 게 좋을 것 같습니더."

솔직한 말이지만 큰스님 귀에는 거슬렸던가 보다.

"이놈아, 이것저것 숨길 거 뭐 있노. 누가 이런 말을 하는데, 그렇거든 주지는 살펴서 잘하라는 얘긴데 싸우기는 왜 싸워."

그런데 다음 날 아침 큰스님의 마음이 달라졌다.

"그래, 가만 생각해 보니 니 말이 맞네. 그러면 이제 누가 내한테 말해도 이름을 안 밝히고 주지한테 이야기하지."

그렇지만 누구도 올라와서 큰스님께 사중의 이런저런 얘기를 하려 하지 않았다. 그러다가 또 성질 급한 어떤 스님이 큰스님께 올라와서 큰절 일을 이러쿵저러쿵 고자질 하게 되었다. 그러면 또 영락없이 주지스님이 불려 올라온다. 옆에 듣고 있자면 큰스님 말씀이 아슬아슬하다. 곧 실명이 튀어나올 것만 같다. 간신히 위기를 넘기고 실명 없이 얘기를 끝내신다. 그러나 야단맞은 주지스님이 큰절로 내려가면서 곰곰이 생각해 보면 '아하! 오늘은 누가 올라와서 큰스님께 일러바쳤구나' 하고 짐작하게 된다.

성철스님 모시기

　성철스님을 모시면서 그 급한 성격을 이해하고 익숙해지는 데는 오랜 시간이 필요했다. 행자, 시찬 시절만이 아니라, 나중에 원주의 소임을 맡아 10년이란 세월을 같은 암자에서 살면서 큰스님 모시기의 노하우를 익혀 나갔다.

　행자, 시찬 시절, 성철스님의 질문에 곧이곧대로 대답했다가 사형들이 혼나는 것을 여러 차례 보면서부터 내가 개발한 것은 "모릅니더"라는 대답이다.

　처음엔 나름대로 사형들의 입장을 고려해 조금씩 둘러대곤 했다. 그런데 큰스님이 자꾸만 캐물어 오면 어느 순간 조금씩 둘러대던 말이 거짓말이 된다. 그 거짓말이 다시 문젯거리가 된다. 순간적으로 이리저리 둘러대다 보니 나 스스로 그때 무슨 말을 했는지 잘 기억하지 못하는 경우가 많다. 그런데 큰스님은 그 둘러대는 말을 다 기억하셨다.

　"이놈아, 며칠 전에 한 말인데 오늘 또 해!"

　그럴 때마다 아차 하며 다시 둘러대야 한다. 큰스님에게 둘러대려면 내가 더 똑똑하게 굴어야 하는데 그것이 잘 되질 않았다. 그렇게 꾸중을 들어가며 터득한 비법이 "모르겠심더"다. 몇 번을 거푸 모르겠다고 하니 성철스님이 답답한 듯 화를 냈다.

"야, 임마! 와 요새 와서 모르는 기 그리 많아졌노?"

그럼에도 불구하고 큰스님이 모르시고 지나가는 편이 낫다는 판단에서 "모르겠심더"를 연발하니 큰스님도 어쩌지 못했다.

성철스님을 모시며 배운 또 다른 노하우는 큰스님의 급한 성격에 맞춰 일을 처리하는 것이다. 큰스님은 무슨 계획을 거창하게 세워 장황하게 보고하면 듣는 둥 마는 둥 하신다. 그러곤 다음 날 아침 다시 불러서 "내가 생각하기에는 이렇고 저렇고 하니 해서는 안 되겠다. 없던 일로 해라"라고 말씀하신다.

그러니 무슨 일을 성사시키려면 큰스님의 말이 떨어지자마자 서둘러 추진해야 한다. 야구에 비유하자면 성철스님이라는 투수가 던지는 공을 홈런이나 3루타로 멋지게 때리려 하면 안 된다. 그러다간 삼진 아웃되기 십상이다. 일단 단타 위주로 조금씩 큰스님의 마음을 얻어가야 한다.

일단 1루에 나가는 것이 중요하다. 무슨 일이 있으면 미리 저녁에 장황하게 보고하는 것이 아니라 아침에 들어가서 "이런 일이 있는데 이렇게 하면 어떻겠습니꺼"라고 그 자리에서 바로 여쭈고 대답을 얻으면 바로 시행해야 한다.

전날 밤 미리 설명하면 다음 날 "하지 마라"라는 대답을 듣기 십상이고, 이런저런 계획을 자세히 보고하면 "세상 넓은 줄 모르고 깨춤 추지 마라"라는 훈계를 듣게 된다.

당시엔 큰스님이 왜 이렇게 반대만 하시는지 잘 이해가 되지 않았다. 그런데 절집 생활에 연륜이 쌓이면서 큰스님의 마음을 어느 정도 이해할 수 있었다. 그동안의 경험에 비춰 보면 스님들이 무엇을 한다고 벌이기는 벌이는데 그 뒷마무리가 부실한 경우가 많았다. 그러니 매사를 준비하고 준비해 차근차근 해나가야지, 계획만 잔뜩 세워 놓고 허풍으로 끝나서는 안 된다는 것이 큰스님의 생각인 것이다. 따라서 큰스님의 허락을 얻으려면 꼭 필요한 범위 내에서 내실 있게 준비해 보고해야만 했다.

언젠가 법정스님은 이런 말을 했다.

"성철스님은 저렇게 성격이 급하고 격하신데, 원택이는 성격이 느리고 느긋하네. 가만 보면 성철스님과 원택은 찰떡궁합 같네."

당시에는 "아이구, 찰떡궁합이 아니라 악연입니다. 내가 전생에 무슨 잘못을 저질렀기에 이렇게 무서운 스님을 만났는지 모르겠심더" 하며 파안대소하고 지나쳤지만, 법정스님의 말이 지금도 가슴에 와 닿는다.

가야산에 올라

성철스님은 가끔씩 상좌를 데리고 가야산 봉우리에 오르길 좋아했다. 슬슬 햇살이 따가워지기 시작하던 초여름 어느 날 나에게도 등산에 동행하라는 명이 떨어졌다.

"남산 제일봉에 갔다 오자."

산악인들에겐 매화산으로 더 잘 알려져 있는 산이다. 운동화를 갈아 신고 모자를 들고 나오니 성철스님은 이미 선글라스를 끼고 저만치 앞장서 걷고 계셨다. 백련암의 젊은 스님 몇 명이 따라나섰다. 큰스님이 남산 제일봉을 오르고자 나선 것은 해인사의 최고 어른으로 팔만대장경에 대한 사랑 때문이다.

가야산 여러 봉우리 중에서도 남산 제일봉은 해인사와 인연이 깊다. 매년 음력 5월 5일 단오가 되면 해인사 선방 스님들은 몇 개의 소금 단지를 들고 남산 제일봉에 올라 산 정상에 단지를 묻고 내려온다. 그 오래된 관행은 대장경을 지키자는 뜻에서 시작됐다.

《삼국사기》에 따르면 해인사는 애장왕 3년에 창건됐다. 무려 1,200여 년 전 신라시대 이래 해인사는 수많은 곡절을 겪어 왔다.

해인사가 대가람으로서의 제 모습을 갖춘 것은 조선 성종 15년이다. 대규모 중창불사를 회향하는 법회가 그해 9월에 열렸고, 그때 비로소 팔만대장경 판전板殿(대장경을 보관하는 서고)이 법보전과 수다라전으로 형태를 잡았다.

그러나 그 후 해인사는 일곱 차례의 화재로 거의 폐사될 위기에 처했다. 그 위기 속의 해인사를 오늘에 되살린 사람이 19세기 초 경상감사를 지낸 김노경이란 인물이다.

내가 막 행자를 졸업한 1973년, 지관스님이 해인사 주지로 있을 때다. 대웅전에 비가 새 기와를 들어내고 지붕 개보수 공사를 했는데, 대들보에서 상량문이 발견됐다. 놀랍게도 추사 김정희가 36세 때 쓴 것이었다. 추사는 바로 김노경의 아들이다.

화재가 잦은 해인사에 거의 200년 가까이 큰 불이 없었다는 얘기다. 김노경이 중창하던 무렵 풍수에 따라 처방을 했기 때문이다. 해인사에 전설처럼 전해 내려오는 얘기에 따르면, 법당을 중건할 당시 화재가 잦아 스님들이 법당 방향을 정남향에서 서쪽으로 약간 틀었다고 한다. 풍수에 따르면 해인사 법당이 남산 제일봉을 바라보고 있어 화기를 이기지 못해 불이 자주 난다는 것이다.

또 법당 축대와 해인사 곳곳에 돌 홈을 파 단옷날 거기에 소금물을 붓고 남산 제일봉에 소금 단지를 묻으면 화마를 막을 수 있다고 했다. 그래서 매년 단오가 되면 선방 스님들이 그 책무를 맡아 소금 단지를 지고 남산 제일봉에 올라가 묻고 오는 것이다.

평소 그런 전설 같은 얘기를 들으며 궁금해하던 터에 큰스님이 남산 제일봉을 가보자고 하니 발걸음이 가벼웠다. 막상 걸어가 보니 거리가 꽤 멀었다. 백련암을 내려가 신부락을 지나 남산 제일봉을 오르는데 족히 5~6킬로미터는 됨직한 거리였다.

젊은 상좌는 헉헉거리는데 큰스님은 잘도 걸었다. 삿갓 쓰고 지팡이 짚고 성큼성큼 앞으로 걸으며 이런저런 얘기를 해주었다. 주로 큰스님이 평생 전국의 선방을 돌아다니며 정진한 얘기들이 많았다. 처음 가야산에서 시작, 부산의 금정산을 거쳐 북한의 금강산, 다시 남쪽으로 내려와 희양산, 조계산, 지리산, 팔공산 등을 두루 다녔다고 한다.

마침내 남산 제일봉에 오르자 동서남북으로 시야가 탁 트이며 속이 시원해지는 느낌이었다. 갑자기 큰스님이 두 손을 입에 대고는 "야 -호" 하고 우렁차게 소리질렀다.

"야 – 호."

"야 – 호."

메아리가 끝없이 이어졌다. 큰스님은 주변 바위에 자리를 잡고 앉으며 말씀하셨다.

"소금 단지 한번 찾아보거라."

우리는 여기저기 흩어져서 땅을 휘적거리기 시작했다. 얼마 지나지 않아 여기저기서 소금 단지를 찾아낼 수 있었다. "잘 묻혀 있습니다"라는 보고를 받은 큰스님은 큰절을 내려다보시며 가야산, 해인사, 그리고 대장경 사랑을 풀어 놓셨다.

"다른 산들은 곧 싫증이 나는데 가야산은 싫증이 안 난단 말이야. 싫증이 나지 않으니 떠날 일이 없지. 그리고 600년 동안 나라가 어지럽고 난리가 나고 온갖 풍상이 몰아쳤는데……, 이제 우리가 할 일은 뭐겠나? 임진왜란이나 6 · 25까지 잘 견뎌내고 오늘날 저렇게 잘 모셔져 있는 팔만대장경판을 후대에 잘 전해 주는 거 아니겠나? 여기

묻힌 소금 단지도 그렇지만 대중 스님들이 항상 화재에 대한 경각심을 가지고 살아야제. 그게 중요한 것 아니겠나? 이제 내가 왔다가면 다음에는 주지 보고 한번 왔다가라 해야 되겠제?"

이웃 마을 보시

　성철스님의 나들이는 주로 가야산을 오르내리는 것이었는데, 어느 날엔가 특별한 행차를 한 적이 있다. 행선지는 백련암에서 바로 보이는 마장이라는 이름의 작은 마을이다. 마을 이름은 해인사만큼이나 오래된 유래를 지니고 있다.

　가야산 자락의 구전에 따르면 1,200여 년 전 신라 애장왕이 해인사를 창건할 당시 수시로 가야산을 찾았다고 한다. 해인사 큰절에서 가까운 암자인 원당암이 있는 자리에 아예 터를 잡고 그곳에서 정사를 보며 해인사 창건을 독려했다. 마장이란 당시 말을 키우고 먹이던 곳이라고 전해 온다.

　"저 동네 사람들은 우째 사는고 내 한번 가봐야겠다."

　성철스님이 어느 날 갑자기 바깥 나들이 준비를 지시했다. 나는 다른 일로 가지 못하고 다른 스님 몇 분이 큰스님을 따라나섰다. 백련암에서 마장까지는 6~7킬로미터나 되는 거리다. 백련암에서 신부락까지 2킬로미터 남짓한 거리는 내리막이지만, 거기서부터 마장까지 4~5킬로미터는 서서히 굽어 도는 오르막길을 올라야 하기 때문에 그렇게 쉽게 다녀올 수 있는 길은 아니다.

　큰스님은 점심 공양 후 출발해 저녁 해거름이 다되어 돌아오셨다.

절에 도착하자마자 목이 타는지 샘물을 한 바가지 떠서 꿀꺽꿀꺽 마셨다. 그러곤 "어, 시원하다"며 다른 별말 없이 방에 들어가 쉬셨다. 저녁 예불을 마치고 나서 큰스님은 제자들이 머무르고 있는 좌선실로 내려오셨다.

"내 오늘 마장 갔다온 얘기할 테니 잘 들어 보거래이."

무슨 말씀인가 싶어 다들 귀를 모았다.

"맨날 건너다 보면서 저곳은 어찌 사는고 참 궁금했는데, 오늘 가보니 지지리도 못살데. 사람 사는 것이 이런 것인가 싶고, 애새끼들도 올망졸망하고……. 그래 가서 보니 참 딱하데. 뭐 도와줄 수가 있을 낀데……."

좀처럼 그런 말을 잘 안 하시던 큰스님이 그날은 몹시 가슴 아파하셨다. 결국 다음 날 맏상좌인 천제스님이 큰스님께 불려갔다.

"아무리 생각해도 안 되겠다. 누구 시주할 사람 없는가 찾아봐라. 개개인에게 돈 줄 수는 없을 끼고 마을 공동으로 재산을 불릴 수 있도록 송아지 몇 마리쯤 보시하면 안 되겠나?"

시주물을 피하고 세속과 떨어져 살고자 하는 성철스님으로서는 매우 이례적인 결정이다. 천제스님은 평소 큰스님을 존경하는 몇몇 신도들을 방문하기 위해 부산으로 갔다. 그 결과 천일여객이란 버스회사를 운영하던 분께 부탁해서 송아지 열 마리를 마장에 기증할 수 있었다.

큰스님은 그 후 보시한 그 처사를 볼 때마다 "보시처럼 좋은 인연과 공덕을 맺는 것이 어디 있겠노? 아주 훌륭한 불공을 했어"라며 고마워했다.

뿐만 아니다. 큰스님의 마음을 읽은 우리는 명절이 되면 내복을 마장에 갖다 주었다. 승복이야 나눠 입을 수 없지만 내복이야 승속이 따로 없는 까닭에 우리에게 필요한 최소한의 것만 남기고 성한 내복을 모두 갖다 주었다. 깨끗하게 빨아 매년 한두 번씩 갖다 주면 동네 사람들이 여간 고마워하지 않았다. 1970년대 초반의 얘기다.

그렇게 열심히 옷을 나눠 입기를 몇 년, 어느 해엔가 옷을 가져갔더니 마을 대표가 다소 어색한 표정으로 말했다.

"스님, 그동안 고마웠심더. 이제 우리 마을도 살기가 좀 나아져 헌 내복을 얻어 입지 않아도 살게 됐심더. 이제 고만 수고하이소."

좀 살게 되었다는 얘기에 한편으론 기쁘고, 또 다른 한편으론 헌 옷가지를 퇴짜맞았다는 생각에 무안한 마음도 들었다. 하지만 빨고 다려서 가져온 것을 그냥 들고 갈 수는 없었다.

"앞으로는 그러지 않을 테니 이것까지만은 받아주이소."

다음 해부터는 신도들이 스님들 입으라고 가져오는 내복이 있으면 상표도 뜯지 않고 새 것으로만 차곡차곡 따로 쌓아 두었다. 그리고 명절이 되면 마장에 갖다 주었다. 그것도 불과 몇 년을 계속하지 못했다.

"스님, 큰스님께 가서 말씀 올려주십시오. 우리 마을도 이제 좀 살게 되어서 백련암에서 신경 쓰지 않아도 된다고 말입니다. 정말 그동안 백련암 큰스님과 스님들에게 감사했습니다."

새 내복도 이제 마다하니 우리로서는 더 이상 어쩔 수가 없었다. 고랭지 채소 재배붐이 일면서 마장의 살림이 급속히 풀려 갔던 것이다. 그런 사정을 큰스님께 보고했다.

"그래, 잘살면 됐제."

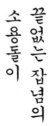

끝없는 잡념의 소용돌이

평생 참선에 전념해 온 성철스님이 참선 수행과 관련해 강조하는 확고한 원칙이 몇 가지 있다. 그중 하나가 글을 읽지 말라는 것이다. 지금도 귓속에 쟁쟁한 큰스님의 가르침이다.

"내가 전에도 말했던 것처럼 육조 혜능대사는 본래 무식꾼이었지만 자성을 깨쳐서 부처를 이룬 뒤에는 무진법문을 자유자재로 하게 됐다는 거라. 니는 대학도 졸업했다 하니 누가 니 보고 무식하다 하겠노? 그러니 앞으로 절대로 책 보지 말고 내가 준 삼서근 화두를 열심히 하거래이. 참선 잘해서 마음 깨치는 것이 근본이지, 다른 것은 아무 소용이 없데이."

앞서 말했던 것처럼 큰스님이 늘 인용했던 혜능대사는 중국의 선불교를 크게 일으킨 당나라 스님이다. 가난한 집안에 태어나 제대로 교육을 받지 못했는데도 참선 수행 끝에 깨달음을 얻어 불교 사상의 정수를 이해하고 가르쳤다고 한다. 큰스님이 주장하는 돈오돈수를 이룬 역사적 모범인 셈이다.

책을 보는 것이 오히려 참선 수행에 방해가 된다는 뜻일 것이다. 처음에는 다행이라고 생각했다. 큰스님이 소중하게 보관하고 있는 불교 서적이 무려 6,000권이나 장경각에 소장돼 있는데, 그 책을 다 읽으라고 할까 봐 내심 걱정하고 있었기 때문이다.

책 보지 말라는 말을 들으니 장경각에서 해방된 듯 마음이 가벼웠다. 그런데 하지 말라고 하면 더 하고픈 것이 사람의 마음 아닌가. 어느 날 마당을 지나는데 헌 신문지 조각이 이리저리 펄럭이며 나뒹굴고 있었다. 무심코 주워들었다.

"이것이 글자인가?"

오랜만에 보는 활자는 몹시 반가웠다. 나도 모르게 마당에 서서 주운 헌 신문을 읽고 있었다. 언제 나타났는지 큰스님이 다가왔다.

"이놈아! 내가 책 보지 말라고 했으면 안 봐야지, 그새 그걸 못 참아 헌 신문 쪼가리 들고 눈 빠지게 보고 있어. 이 나쁜 놈아!"

큰스님이 고래고래 호통을 치셨다. 아무 변명도 할 수 없었다. 그저 얼굴만 벌겋게 달아오를 뿐이었다. 하필이면 그 짧은 순간에 나타나서 현장을 들켰으니 어떻게 옴짝달싹할 수가 없었다.

"이제 다시는 글을 보지 않겠심더."

백배 사죄하고 다짐 또 다짐했다. 그러고 나니 얼마간은 멀리 있는 책만 봐도 몸서리가 쳐졌다. 그런데 그렇게 책을 멀리한다고 참선 공부가 잘 되느냐 하면 그것도 아니었다.

"부처님을 물었는데, 어째서 삼서근이라 했는고?"

삼서근이란 화두를 붙잡고 아무리 집중을 하려고 해도 헛생각만 들었다. 지난 세월의 내 행적이 주마등처럼 떠올랐다 사라지곤 했다. 오로지 화두의 의심만 떠올라야 하는데, 머릿속에 화두는 없고 망상만 가득하니 정말 말 그대로 답답하고 환장할 노릇이었다.

밥을 짓는 공양주나 큰스님 반찬을 차리는 시찬 노릇을 하면서 그렇게 열심히 화두에 전념하려고 해도 되질 않았다. 잡념을 멈추려 해도 멈춰지지 않았다. 차라리 아무 생각 없이 바쁘기만 하면 일에 빠져 잡념은 없었다. 몸은 피곤했지만 마음은 오히려 편했다.

그렇게 화두를 들기만 하면 황톳길 내달리는 망아지처럼 헛된 생각이 뿌옇게 일어나니 도저히 참고 견딜 수가 없었다. 하루는 성철스님을 찾아뵙고 마음속 갈등을 털어놓았다. 큰스님이 한참 동안 빤히 내 얼굴만 쳐다보다가 낮은 목소리로 타일렀다.

"그 자슥, 헛생각하고 앉았으면서 지는 디기 공부하는 줄 아는가배. 그게 다 일념—念이 안 된다는 말이니, 더욱 열심히 해야제!"

큰스님 방에서 물러나오면서도 잡념은 떠나지 않았다. 당시로서 내가 내린 결론은 '내가 전생에 죄를 많이 지어 업장業障이 두터운가 보다'라는 것이었다. 그래도 답답해 가까운 한 스님에게도 물어보았다.

"나는 참선하려고 앉았다 하면 생각지도 않았던 헛생각들이 죽 끓듯이 일어나는데, 스님은 어떻습니꺼?"

나보다 두 해 먼저 출가했지만 나이로는 여섯 살이나 아래인 스님이다. 대답에 망설임이 없었다.

"나는 앉아 있으면 편안하고 아무런 망상도 떠오르지 않는데, 스님은 어째서 그렇게 헛생각이 많다고 하는 거요? 잘 이해가 안 되네."

나는 속으로 중얼거렸다.

"6년을 더 산 세상살이가 나를 이렇게 힘들게 하는가?"

화두는 잘 되나?

요즘은 여름 휴가철이 되면 산사마다 수련회를 여는데, 많은 사람들이 세속에 찌든 마음을 씻기 위해서 참가한다. 각 사찰마다 개성을 살려서 내용은 조금씩 다르지만, 그 주된 시간은 좌선, 즉 참선 정진에 두고 있다. 세속에서 의자에 익숙해 있던 사람들이 비록 좌복 위이긴 해도 오랜 시간 다리를 포개고 앉아 있다는 건 그 자체만으로도 고될 수밖에 없다. 게다가 익히고 간 화두도 아닌데 갑자기 꼼짝않고 앉아서 화두를 들고 참선을 하려니 얼마나 서툴고 힘이 들 것인가? 참선 수련에 다녀온 사람들에게 수련회가 어땠냐고 물으면 참 좋았다고들 하면서도 이구동성으로 좌선 시간이 생각보다 힘들었다고 말한다. 그렇게 좌선한다고 앉아 있는 것이 누구에게나 쉬운 것이 아니다.

"화두는 잘 되나?"

성철스님이 수시로 물어보는 말이다. 큰스님이 내린 화두 삼서근을 염두에 두고 얼마나 참선을 잘하고 있느냐는 점검이다. 참선 수행과 깨달음을 강조하는 큰스님의 제일 큰 관심사는 제자들의 공부였던 셈이다.

우리나라 선불교 전통에서 화두를 정해 수행하는 것을 흔히 '화두를 든다' 또는 한자어로 '참구 參究(참선하며 연구함)한다' 라고 한다. 큰스님이 입버릇처럼 물었던 "화두는 잘 되나"라는 질문은 곧 참선 수행의 진전이 있느냐는 뜻이다.

처음엔 좌복 위에서 다리를 포개고 오랜 시간 앉아 있는 것 자체가 몹시 힘들었지만 조금씩 익숙해져 갔다. 그렇다고 화두가 머릿속에 들어오는 것은 아니었다. 망상만 한 편의 영화처럼 계속 반복해 돌아 갔다. 그런데 어느 날 그렇게 돌아가던 영화 필름이 뚝 끊어지는 것이 아닌가.

"어, 영화가 안 돌아가네!"

살 것 같은 기분이었다. 금방 깨칠 것 같은 기대감이 확 들었다. 얼마나 좋은지 곧장 성철스님 방으로 달려갔다.

"큰스님, 이제 영화가 돌아가지 않심더."

큰스님이 어처구니없다는 듯 내 얼굴을 쳐다봤다.

"이놈아! 지금 무슨 말 하고 있노?"

자초지종을 설명했다. 지금까지 지나온 삶이 마치 영화처럼 꼬리를 물고 돌아가서 화두를 생각할 여지가 없었는데 이제 그런 증상이 없어졌다고 말이다. 얘기가 끝나자 성철스님이 다시 물었다.

"그래, 화두는 잘 되나?"

그 물음을 받고 다시 생각해 봤다. 영화가 돌아가는 것은 멈췄는데 그렇다고 그 자리에 화두가 들어앉은 것은 아니었다.

"화두는 여전히 들리지 않습니더. 영화만 끊어졌을 뿐입니더."

"그러면 그렇지. 니가 뭐 공부하는 게 있겠노? 영화 안 돌아간다고 공부되는 것은 아이다. 화두가 들어서게 더 열심히 해야지."

그런데 참 희한한 일이었다. 낮에는 머릿속에서 영화가 사라졌는데 꿈속에서 그 영화가 다시 돌아가기 시작하는 것이었다. 꿈이란 꾸고 싶다고 꾸고, 꾸고 싶지 않다고 안 꾸는 것이 아니지 않은가. 평소에 꿈이 별로 없는 편인데, 갑자기 꿈속에서 영화가 돌아가기 시작하니 그것도 참으로 답답한 노릇이었다.

"내가 전생에 지은 죄가 많긴 많은가 보다."

나 스스로 자책하는 한숨이 절로 나왔다. 그리고 또 얼마나 지났을까. 꿈속에서 돌아가던 영화도 어느 날 문득 멈추었다. 왜 멈추었는지 그 이유는 알 수 없지만, 출가 후 무려 2년이란 긴 세월 동안 나는 머릿속의 영화 한 편과 힘겨운 씨름을 벌인 꼴이었다.

절집에는 차담茶談 시간이란 게 있다. 같은 스승 밑에서 공부하는 제자들이 차를 놓고 한자리에 둘러앉아 이야기를 나누는 시간이다. 다소 자유로운 휴식 시간인 차담 시간이면 먼저 출가한 사형들이 이런저런 얘기들을 사제들에게 들려준다.

하루는 어느 사형이 이런 말을 했다.

"절집에 들어와 3년 안에 꿈속에서 자신의 머리 깎은 모습을 볼 수 있다면 빨리 보는 셈이다."

그 얘기를 들을 때만 해도 그냥 그런 소리려니 하고 귓전으로 흘리고 말았다. 그런데 삭발한 지 몇 달 지나지 않아 머리를 빡빡 깎고 승복을 입은 내 모습을 꿈속에서 생생히 본 것이다. 잠을 깨고는 그 사형의 말이 떠올랐다.

"아무래도 나는 중 될 인연이 있기는 있는 모양이다."

나도 모르게 흐뭇한 마음으로 중얼거렸다. 그런데 어째서 화두는,

참선 정진은 이렇게 익히기가 힘든가. 꿈속에서도 영화가 끊어졌으면 일상에서도 화두가 머릿속을 꽉 채워야 할 텐데 그게 그렇게 되지 않았다. 뾰족한 수가 없었다.

급한 마음에 큰스님께 좋은 방법이 없겠냐는 하소연을 하기도 했다. 수시로 공부의 성과를 점검하려는 듯 "화두는 잘 되나"라고 물으시던 큰스님이 보기에도 딱했었가 보다.

"너무 억지로 공부하려 들면 상기병이 생겨. 그래 되면 정말 공부를 못하게 되니까 차근차근 해라."

성격 급한 큰스님이 매사에 느린 나에게 오히려 차근차근 공부하라고 당부하시는 것이 아닌가. 그때는 상기병이 무엇인지도 몰라, 큰스님의 말에 별로 주의를 기울이지 않았다. 오직 화두 공부가 잘 안 되는 것만 억울했을 뿐이었다.

스님들 고질병 상기병

해인사 큰절 행자실에는 하심下心이라는 붓글씨가 걸려 있다. 쉬운 글자인 만큼 '마음을 내린다' '마음을 아래로 한다' '남에게 겸양한다' 등 보는 사람에 따라 해석이 다양할 수가 있다. 그러나 여러 해석에도 불구하고 그 바닥에 흐르는 공통된 생각은 분명하다. '남을 대할 때 내 마음을 아래로 한다'는 것이니, 누구에게나 나를 굽히고 사는 것이 행자들의 제일 덕목이란 뜻일 게다.

어떻게든 몸을 낮춰 보겠다는 결심으로 공양주 8개월, 큰스님 시찬 15개월이란 세월을 보내고, 드디어 부엌 살림을 졸업하는 날이 찾아왔다. 일의 성격상 부엌 살림 살면서 자존심이나 오만심은 가지려고 해도 가질 수가 없었다. 아마 그런 생활 속에서 자기도 모르게 마음속에 하심을 심으라는 뜻이 감춰져 있는 듯하다. 행자이던 그때 그 시절, 나도 그렇게 하심을 배웠던 것 같다.

공양주와 시찬 소임을 마치고 큰스님 시자 소임을 맡게 되었다. 시자 소임은 큰스님이 시키는 잔심부름을 하고, 산이나 큰절로 포행 나가시면 따라다니며 수발을 드는 임무다. 성철스님은 뒤따라 오는 시자에게 이런저런 말을 걸어 온다. 워낙 의외의 질문을 많이 하는지라 떠듬떠듬 대답하곤 했다. 그러다 큰스님이 느닷없이 눈을 부라리며

치열한 구도의 시간 ——— 179

해인사 백련암에서 시자스님들과 함께
포행하시는 큰스님. 왼쪽부터 원융, 원영, 성철, 원택스님.

던지시던 질문이 있다.

"지금 니 내한테 말하는 중에 화두가 들리나?"

큰스님의 질문에 한참 대답하느라 정신이 팔려 있는데, 갑자기 "화두 들리나" 하고 물으니 달리 할 말이 있을 수가 없다.

"지금 화두 없심더."

큰스님은 늘상 예상했다는 듯 혀를 끌끌 찼다.

"그러면 그렇지, 니가 별 수 있겠나."

어느 여름날 성철스님을 모시고 큰절에 다녀오던 길이었다. 아무리 산중이라지만 여름에 암자로 오르다 보면 몹시 덥게 마련이다. 그럴 때면 큰스님은 윗옷을 훌훌 벗어던지고 맨몸으로 성큼성큼 산을 올랐다. 시자인 나는 쑥스러운 마음에 말문을 열었다.

"스님, 깊은 산속이지만 혹시 누구라도 오면 어쩌시렵니꺼?"

큰스님은 이전에도 이런 말을 많이 들었던 듯 픽 웃었다.

"그 자슥, 걱정도 팔자네. 나는 지금 바지도 다 벗고 오르고 싶은데……. 그런데 화두는 들리나?"

이렇게 시자를 살면서 "화두 잘 되나"라는 질문을 자주 받게 되니 자연히 신경이 곤두섰다. 화두를 한 번이라도 더 들어 보려고 애쓰지 않을 수가 없게 됐다. 그런데 문제는 그러면 그럴수록 머리가 슬슬 아파 오기 시작하는 것이었다. 처음에는 별로 대수롭지 않게 생각하고 지냈다. 그런데 시간이 지나면서 좌복 위에 앉아 참선하려고 화두를 들기만 하면 머리가 아파지는 것이 아닌가. 처음에는 '몸이 약해서 그런가' 아니면 '기가 허해서 그런가' 하며 의아해했다.

그러나 도저히 나아질 낌새가 보이지 않았다. 나중엔 머리가 깨지는 듯한 아픔이 느껴졌다. 참기 힘들어 성철스님에게 물었다.

"머리가 아파 참선을 하기 힘듭니더."

"우째 아픈데?"

"걸어다니면 좀 낫는데, 좌복 위에 앉아서 화두를 들려고만 하면 화두는 어디 가버리고 머리가 터질 듯이 아픕니더."

"내가 그렇게 조심하라 안 했나? 상기병이 왔구먼. 그건 약도 없어. 화두를 놓고 쉬어야지, 안 그러면 점점 더 병이 깊어지지. 그래도 화두를 완전히 놓지 말고 좌복 위에 앉아 숨을 발바닥 중심까지 끌어다 쉬는 기분으로 정진하면 차차 상기병이 나을 끼다."

성철스님의 자상한 설명은 이어졌다.

"부처님께서 가르친 것이 있다 아이가. 거문고 줄을 너무 탱탱하지도 않게 너무 느슨하지도 않게 잘 고루어야 좋은 소리가 나듯이 공부도 그렇게 해야 하는 것이다. 화두 공부도 억지로 우격다짐으로 머릿속에 넣겠다고 해서 되는 것이 아이다. 지금부터라도 쉬어가면서 천천히 해봐라."

참선하는 스님들의 고질병인 상기병은 쉽게 낫는 병이 아니다. 큰스님은 "내 시킨 대로 해보니 병이 다 나았제?"라며 수시로 물었다. 대답은 "예, 좀 나아지는 것 같심더"라고 했지만 큰 차도를 느끼기는 힘들었다. 나중엔 좌복 위에 앉을 수조차 없을 정도였다.

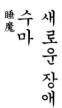

수마_{睡魔} 새로운 장애

참선이라는 수행을 하다 보면 여러 가지 고비를 넘어야 한다. 내가 걸린 상기병은 그야말로 초기 단계다. 넘어야 할 고비가 한둘이 아닌 데 상기병은 점점 깊어만 갔다.

참선의 첫 단계에서 지난 시절의 기억들이 영화 필름처럼 머릿속을 스치고 지나가 집중이 되지 않을 때만 해도 영화 필름만 돌아가지 않으면 살 것 같다며 답답해하는 정도에 불과했다. 선가에선 이 단계의 병명을 '산란심散亂心'이라고 한다. 마음이 한곳으로 모이지 못하고 나도 모르게 이리저리 부서지고 흩어진다는 의미다.

겨우 산란심을 잡았나 했더니 상기병에 걸린 것이다. 그냥 심리적인 불안감이나 불안정을 떠나, 한층 더 직접적이고 육체적인 고통에 시달리게 된 셈이다. 화두를 들려고 하면 머리가 아프니 이러지도 저러지도 못했다.

성철스님은 내가 조금씩 나아졌다고 대답은 하면서도 계속 괴로워하는 모습을 보고는 안타까운 마음 반, 답답한 마음 반에서 자주 성화를 냈다.

"내가 가르쳐 준 대로 하면 다른 중들은 다 나았는데 니는 우째 그리 더디노?"

좋든 싫든 이미 얻은 병이니 우선 병을 치료하는 데 더 치중할 수밖에 없었다. 좌복 위에 앉기보다는 마당을 거닐거나 뒷산을 오르며 세월을 보냈다. 그렇게 세월이 흘러 1년이 더 지났다. 완쾌는 아니지만 머리 아픈 것이 조금씩 사그라들었다.

상기병도 어느 정도 잡았을 무렵, 다음 단계에 나타난 장애물은 몽롱한 상태인 혼침과 잠든 상태인 수마였다.

마음도 잡고 두통도 가라앉았으면 당연히 "부처님을 물었는데 어째서 삼서근이라 했는고"라는 화두가 잘 잡혀야 했다. 그런데 화두는 어디론가 가버리고 졸음이 쏟아지기 시작했던 것이다. 좌복 위에 앉아 화두를 생각하려고 마음을 모으고 있으면, 정신이 몽롱해지면서 자신도 모르게 잠에 빠져드는 증상이다. 참선하는 스님이면 누구나 정도의 차이는 있더라도, 한번쯤은 빠지는 증상이다. 성철스님은 늘 혼침과 수마를 경계하라고 하셨다.

"참선 정진 잘못하면 수마에 빠져. 평생 거기서 빠져나오지 못하고 망치고 마는 수좌首座(수도승)들도 많아."

큰스님의 경고에도 불구하고 혼침과 수마는 소리없이 찾아왔다. 참선한다고 좌복 위에만 앉으면 무조건 조는 것이다. 점심 먹고 나서만 조는 것이 아니라 새벽, 아침, 오후, 저녁 상관없이 좌복 위에만 앉으면 자동으로 조는 것이다. 언젠가 성철스님이 수수께끼를 냈다.

"이 세상에서 가장 무거운 것이 무엇이냐고 사람들에게 물었더니, 저마다 대답이 각각이라. 누구는 쇳덩이다, 누구는 바윗덩이다, 또 어떤 사람은 사람의 정이다 하는 거라. 니는 이 세상에서 뭐가 제일 무겁다고 생각하노?"

그렇게 아리송한 질문은 대답을 알 수도 없거니와 대답해 봤자 맞을 리도 없다. 그래서 늘상 해오던 대로 "모르겠심더" 하고 일찌감치 항복했다.

"이 세상에서 제일 무거운 것은 윗눈꺼풀이다. 잠이 올 때는 천하장사도 그 윗눈꺼풀 하나 들 수가 없는 기라. 알겠제!"

수마에 시달려 본 승려들이면 누구나 공감할 것이다. 그냥 졸음이 오는 정도가 아니라, 좌복에만 앉으면 졸음에 빠지는 경험을 몇 달 간 계속하다 보면 정말 마魔가 끼었다는 느낌이 들 정도다. 오죽했으면 '잠〔睡〕'에다 '마魔' 자까지 붙여가며 경계하고자 했겠는가.

수마를 이겨내고 나면 어지간한 장애의 단계는 넘었다고 할 수 있다. 그렇다고 앉기만 하면 화두가 뚜렷해지는 것은 아니다. 본격적인 정진을 위한 기본이 갖춰졌다는 의미에 불과하다.

일단 수마의 경계를 지나고 나면 만사가 편안해진다. 화두 없이 가만히 앉아 있기만 해도 마음이 그렇게 편할 수가 없다. 문제는 화두를 들지 않고, 그냥 그렇게 아무 생각 없이 편안히 앉아 있기만을 좋아하게 되는 것이다. 불교에선 이런 마음 상태를 '무기無記' 또는 '무기공無記空'이라고 한다. 많은 사람들은 이런 상태를 마치 깨달음의 경지인 양 잘못 알기 쉽다. 깨달음을 얻었다며 큰스님을 찾아오는 스님 중에는 그런 분들이 적지 않았다.

엉터리 깨우침
무기병

백련암에서 시자 생활을 하면서 더러 마주친 색다른 광경이 있다. 큰절 선방에서 참선 수행하다 '깨쳤다'고 주장하는 스님들 얘기다. 이런 스님이 나타나면 선원의 실무 책임자인 열중悅衆스님이 산중에서 가장 큰 어른인 성철스님에게 데려온다.

이런 경우 깨달음을 얻었다고 주장하는 스님에겐 성철스님과 독대할 수 있는 기회가 주어진다. 깨달음의 세계는 두 사람만이 주고받을 수 있는 것이기 때문이다.

고함소리가 밖에까지 들리는 경우도 있고, 오랜 침묵이 흐를 때도 있다. 독대가 끝나고 깨달았다는 스님이 돌아가고 나면 성철스님은 크게 두 가지 반응을 보이신다. 먼저, 기분이 좋은 경우 이렇게 말씀하신다.

"내 말 잘 듣고 갔다. 내가 뭐라 했나 하면, '니가 지금 깨쳤다, 알았다는 것은 바른 것이 아니다. 그러니 니가 나를 믿는다면 내 가르친대로 고치고 더 열심히 정진해라'라고 타일렀지. 그러니까 그놈이 '지금껏 제 공부가 다 된 줄로 잘못 알았는데, 앞으로 큰스님 가르침에 따라 더 열심히 공부해 보겠다' 카더라."

하지만 성철스님이 노기등등한 경우도 있는데 가르침이 통하지 않은 날이다.

"그놈이 공부 다 했다 하길래, '뭐가 다 했노? 니, 지금 내하고 이야기하면서도 화두가 잘 되나?' 하고 물어봤다. 그런데 그놈이 '스님, 화두 드는 거 그것이 무슨 문젭니까? 저는요 좌복 위에 가만히 앉아 있으면 번뇌망상이 하나도 일어나지 않고 저 청천하늘처럼 맑아서 마음이 편하기 이를 데 없는데 내가 왜 화두를 듭니까? 화두를 들었다 하면 오히려 망상이 생기는데요. 화두 없이 가만히 앉아 있는 것이 얼마나 좋은데……' 라는 거라. 그래서 내가 '그거는 무기에 빠진 거지, 진짜 참선 공부가 아니데이. 그러니 가만히 앉아 있어서 좋은 거 다 내버리고, 그 자리에 화두가 들어서도록 다시 공부해라' 하고 타일렀지. 그런데 이 자석이 말을 못 알아듣고 '아닙니다. 스님이 틀렸습니더. 내 마음이 맑은데 무슨 공부를 다시 하랍니꺼? 나는 이것으로 깨쳤으니 공부 다 마쳤심더' 라고 버티는데, 아무리 말해도 안 듣대. 그래서 탕탕 쳐서 다시는 내 앞에 못 오게 했제!"

두 경우 모두 사실은 무기에서 비롯된 무기병이다. 참선 수행하는 스님들이 여러 장애물을 넘어 마지막으로 부닥치는 장애다.

처음엔 산란심으로 화두도 못 챙기고, 다음엔 상기병이 생겨 화두를 들지 못하고, 그 다음엔 잠이 쏟아지는 수마로 화두를 챙기지 못한다. 그렇게 고생하며 정진해 이 어려움들을 다 이기고 나면 마지막으로 나타나는 것이 무기병이다. 큰스님도 이 마지막 단계의 장애를 경계했다.

"무기병에 떨어지면 헤어나기 힘들데이. 너그도 조심해야 된다. 화두는 들리지 않지만 마음이 전과 비교하여 그렇게 편할 수가 없고, 그래서 자기는 깨쳤다는 착각에 빠지거든. 착각하고 나면 거기서 벗어나기가 정말 어렵지."

성철스님이 나이가 드시면서 더 이상 독대 관행은 불가능해졌다. 큰스님이 무기병을 지적하면 큰스님이 틀렸다면서 육탄으로 달려드는 스님들이 있었기 때문이다. 그래서 나중에는 열중 소임을 맡은 중진 스님들이 입회하게 됐다.

지금도 기억에 남는 것은 해인사 산내 비구니 암자에서 수행하던 한 스님이다. 큰절의 선방에서 수행하는 스님들은 열중스님이 데리고 오는데, 그 비구니 스님은 별도 암자에서 수행하던 분이라 혼자 올라와 큰스님 뵙기를 청했다. 내가 이유를 묻자 그 스님은 말했다.

"내가 깨쳤으니 큰스님 뵙고 인가印可(깨쳤음을 증명하는 것)를 받으려고 합니더."

그래서 나는 먼저 물었다.

"그러면 성철스님께서 '스님의 경계가 어떻다 하느냐' 고 물으시면 뭐라 대답할까요?"

"내가 가만히 앉아 선정에 들면 시방세계가 내 몸에서 나는 향내로 가득하다고 일러주이소."

나는 성철스님께 비구니 스님이 찾아온 사연을 그대로 보고했다. 큰스님은 오히려 나를 뚫어지게 쏘아보다가 호통을 치셨다.

"지 몸에서 나는 향기가 우주 전체에 가득하다 하는데, 지 옆에 있는 사람은 와 냄새를 못 맡는고? 이 자슥이, 니 놈도 똑같다."

혼비백산 물러나와 비구니 스님에게 말했다.

"그럼 스님 옆에 있는 스님도 그 향기를 맡습니까?"

"아니, 내가 깨쳤는데 내만 맡아야지요!"

그때 그 비구니를 돌아가라고 설득하는 데 꽤 애를 먹었던 기억이
난다.

성철스님이 살던 백련암 살림살이를 총괄하는 원주의 자리를 맡게 된 것은 출가하고 대여섯 해가 지나서였다. 참으로 실패의 연속이었던 행자 시절을 마치고, 성철스님의 무염식을 책임지던 시찬 소임까지 마무리 짓는 데 서너 해가 걸렸다.

행자, 시찬의 의무를 마치고서는 몇 년 간 화두를 들고 참선하는 데 정진했었다. 그러다가 상기병이 걸려 고생하면서 무진 애를 먹던 무렵 성철스님이 불렀다.

"니, 절에 들어온 지도 한 대여섯 해는 됐제. 그런께 아무리 곰 새끼 같은 니도 인제는 절 살림살이가 어떤 줄 대강은 눈치챘겠제. 상기병도 치료할 겸 해서 인제부터는 좌복에 앉아 있지만 말고 원주 소임 맡아 가지고 다니면서 화두해라. 그라믄 한결 머리도 맑아지고 참선 공부도 쉬워질 끼라."

성철스님이 상기병으로 고생하는 내 모습을 보면서 여러모로 고려한 끝에 내린 명인 듯했다. 미리 준비해 둔 듯 세심한 당부의 말을 덧붙였다.

"육조스님께서도 좌복 위에 앉아 조는 수좌가 있으면 행선行禪(걸어 다니며 참선함)하라고 일부러 방에서 쫓아내 버렸다 아이가. 또 육조

스님도 동선動禪을 강조하셨고 하니, 니도 앞으로는 움직이면서 화두 공부 해봐라."

육조스님 즉, 혜능스님도 걸어다니면서 참선하는 행선과 돌아다니면서 참선하는 동선을 강조했듯이, 성철스님도 나에게 좌선 대신 걷고 돌아다니는 수행을 권한 것이다.

걷고 돌아다니는 일이 가장 많은 소임이 바로 원주다. 큰절의 주지와 같은 역할인데, 작은 절이나 암자는 대개 주지 대신 원주라고 부른다. 보통은 주지스님이 있고 원주의 소임을 맡은 스님이 따로 있어 실질적인 살림살이를 맡기도 한다. 그러니 생각보다 원주의 역할과 책임은 적지 않다.

절집에선 철저히 계절의 흐름에 맞춰 한 해를 설계하고 살아간다. 엄동설한이 지나고 응달의 잔설이 녹을 무렵, 진달래가 피기 시작하면 밭을 갈고 봄채소를 심을 준비를 해야 한다. 다음으로 감자 눈을 따 감자씨 뿌릴 준비를 해야 하고, 그 감자를 7월 말이면 캐고 김장갈이를 한 다음 배추, 무, 갓씨를 뿌린다. 그러다 가을이 깊어지면 김장을 담가야 하고, 정월이 되면 메주를 쑤어 장을 담그고 고추장을 만든다.

이 모든 살림살이의 책임자가 원주스님, 바로 나의 소임이 됐다. 행자 시절부터 실수 연발이었던 나에게는 벅찰 수밖에 없었다. 그런데도 성철스님은 나에게 암자 살림을 맡겼다. 선뜻 이해가 되질 않았지만 맡겨진 책임이니 또 실패를 하더라도 최선을 다할 수밖에 없는 것 아니겠는가.

겨울이 지나고 원주로서 첫 봄을 맞았다. 다른 스님들과 암자에서 일을 도와주는 평신도 일꾼을 데리고 밭을 갈러 나갔다. 쑥갓, 당근, 시금치 등을 심었다. 여전히 서툴렀지만 예전처럼 엉뚱한 실수는 하지 않았기에 신참 스님들에게 제법 일도 가르치며 밭일을 할 수 있었다.

원주스님에게 중요한 일 중의 하나는 암자 바깥으로 장을 보러 다니는 것이다. 암자 텃밭에서 농사짓는 것이라고 해야 겨우 김치 담글 정도에 불과하니 나머지 채소는 모두 백련암에서 20리 정도 떨어져 있는 가야장에 가서 구해 와야 한다.

나 같은 스님 입장에서는 장 보러 다니는 것도 쉬운 일만은 아니었다. 주부들처럼 이것저것 집어보고, 맛도 보면서 장을 보는 것도 아닌데다 길게 흥정을 하는 것도 어색했다.

장에 나가는 길도 간단치 않았다. 닷새에 한 번씩 열리는 장날에 맞춰 산속 오솔길과 돌길을 따라 30분가량 걸어가야 시외버스 정류장이 나왔다. 버스로 장터에 도착해 물건을 사고는 다시 그것들을 전부 메고 산을 올라야 하니 예삿일이 아니었다. 그럼에도 불구하고 스님들의 수행을 돕는다는 일념으로 열심히 들락거렸다.

쉽지 않은 원주 노릇

원주 소임을 맡을 당시 백련암에는 스님들이 대여섯 명 정도 같이 살고 있었다. 그러나 찾아오는 신도들의 찬거리까지 장만하려면 여기저기 열심히 들러야 한다. 스님이 몇 명 되지 않아 누굴 데리고 갈 수도 없고 해서 물정도 잘 모르면서 혼자서 돌아다녀야 했다. 그러니 제대로 물건을 살 리가 없었다. 물론 들르는 곳이야 주로 채소 가게이고, 채소 가게라야 시골 아주머니나 할머니들이 길바닥에 줄지어 앉아 채소를 늘어놓고 한줌씩 파는 정도에 불과했다. 그래서 어느 채소가 싱싱한지 둘러보고 대충 마음 짚이는 곳에 가서 물건을 사곤 했다.

그런데 첫눈에 분명히 제일 좋고 싱싱한 채소를 샀다 싶어 기분이 좋아서 쾌재를 부르며 일어섰는데 다음 모퉁이를 지나다 보면 내가 산 물건보다 더 좋은 것이 또 값까지 싸게 부를 때가 있다. 그럴 때면 너무 속이 상해서 그 자리에 털썩 주저앉고 싶을 정도였다.

'좀 더 둘러볼 걸' 하며 속으로 후회하지만, 장보기에 별로 익숙지 않은지라 그 버릇은 쉽게 고쳐지지 않았다. 그러다가 나중에는 빨리 물건을 살 것이 아니라 둘러보고 남들이 산 뒤에 더 좋은 것을 사야겠다는 생각이 들어 시간을 죽이고 있었다. 그런데 그러다 보니 언제 사갔는지 웬만큼 좋은 물건은 남들이 먼저 다 사가 버리고 파장에 남은 것만 사오는 꼴이 되고 말았다.

나중에야 비로소 깨달았다. 시장이 서고 처음 한두 시간은 물건이 잘 팔리지 않는다는 것을 말이다. 그러다가 두 시간쯤 지나게 되면 여기저기서 흥정이 시작되고 물건이 본격적으로 팔리기 시작한다.

그러나 백련암까지 올라와야 하는 나는 느긋하게 맴돌이를 할 수가 없었다. 그러니 다른 사람들보다 먼저 물건이 좋다 싶은 곳에서 흥정을 시작해야 했다.

그런데 내가 쭈그리고 앉아 채소를 만지작거리고 있으면 다른 아주머니들이 몰려들곤 했다. 물건을 구경하던 사람들이 스님인 나를 보고 '무슨 좋은 물건인가' 하며 관심을 보이기 시작하고, 그러다 보면 흥정을 하게 된다.

그런 시선들에도 어지간히 익숙해질 무렵, 장을 보고 나오다가 국일암 성원스님과 마주쳤다. 국일암은 백련암으로 올라가는 도중에 있는 비구니 암자다. 나이가 많은 성원스님은 국일암 살림을 맡아 장을 보러 나오곤 했다.

"스님, 오늘 장 잘 봤소?"

가까이 살기에 평소 안면이 있는 노비구니 스님이라 무심코 "예, 잘 봤심더" 하고 대답했다. 그런데 성원스님이 "어디 걸망 한번 봅시다" 하며 쓱 다가온다. 이리저리 보더니 묻는다.

"이거 전부 얼마 주고 샀소?"

곧이곧대로 쓴 돈을 추산해 말했다.

"아이구! 스님요, 내 그럴 줄 알았다. 그 물건 사는 데 그렇게 값을 많이 주면 우짜겠노?"

성원스님이 혀를 끌끌 찼다. 그러면서 "내가 시장 보는 것 한번 구경하고 다음부터는 장을 잘 보소" 하면서 나를 다시 시장으로 데려갔다. 가지를 한 무더기 살 경우, 흥정하면서 서너 개 더 놓고 또 돈을 주면서 두 개 더 얹는다. 다시 걸망에 챙겨 넣으면서 세 개를 더 넣는 식이었다. 그러니 내가 장 본 돈의 반만 쓰면서도 물건을 더 많이 사 가는 것이다.

"장은 이렇게 보는 거라요. 스님 알겠소?"

그저 "예, 예" 하고 대답하고는 얼굴을 붉히며 돌아왔다. 그 이후로는 장날에 성원스님을 만나 "오늘 장 잘 봤소"라는 질문을 받으면 걸망을 열어보이면서 자신 있게 말했다. 그러면서도 혹시 하는 마음에 실제로 내가 지불한 돈의 절반 정도로 샀다고 거짓말을 했다. 그제야 "스님도 이제 장 볼 줄 아네"라는 칭찬을 들을 수 있었다. 그나마 쑥스러워 나중에는 장터 거리에서 성원스님을 보면 아예 멀리 돌아서 줄행랑을 놓곤 했다.

그렇게 나름대로 열심히 5일장을 찾아다니며 스님들을 위해 부지런히 사서 날랐는데, 성철스님은 반응이 없었다. 나중에 알고 보니 열심히 장에 다니는 것을 아주 못마땅하게 생각하고 계시는 게 아닌가.

독초 소동

그날도 장에 갔다가 혼자서 지고 메고 들고 온 짐을 풀어 놓고 땀을 훔치고 있었다. 그동안 별말이 없던 성철스님이 다가왔다.

"원주 시켜놓았디만 장똘뱅이 다됐네!"

한다고 열심히 하고 있는데, 이 무슨 말인가. 어리둥절해 있는데 성철스님의 말씀이 이어졌다.

"밭에 있는 거 먹으면 됐지, 뭐 한다고 장날마다 장 보러 다니노? 먼젓번 원주는 장도 안 보고 잘살더니만, 니는 웬 장날마다 장 보러 다니노? 참선이나 잘하라고 원주시켰디만 참선은 안 하고 영 장똘뱅이 아이가?"

안쓰러워 그러는지, 정말 나를 장똘뱅이 취급하시는지 잘 분간이 되질 않았다. 그렇게 질책 아닌 질책을 듣고 며칠이 지났다. 경남 울주군에 있는 비구니 절인 석남사 스님 10여 명이 큰스님께 문안을 드리러 왔다. 비구니 스님들이 큰스님께 인사 드리고는, 큰 대나무 소쿠리를 달라기에 몇 개 주었다. 비구니 스님들은 모두 뒷산으로 올라갔다.

그리고 한두 시간이 지났을 무렵, 스님들이 소쿠리 가득 풀잎을 뜯어 와선 샘가에서 씻고 있었다. 바로 그때 성철스님이 나왔다.

"지금 너거들 뭐 하고 있노?"

나이가 들어 보이는 한 스님이 대답했다.

"아이고 큰스님, 뒷산에 올라가니 이렇게 좋은 산나물이 꽉 차 있습데다. 우리가 지금 산나물로 반찬하려고 씻고 있심더."

성철스님이 나를 은근히 노려보며 한마디 했다.

"그래, 우리 원주는 산에 있는 이런 좋은 산나물은 뜯어 먹을 줄 모르고 장날마다 장에 가 사와야 직성이 풀리는 기라. 내가 장똘뱅이짓고만해라 해도 소용이 없어!"

말을 마치자마자 휙 돌아서 방으로 들어가 버리셨다. 비로소 뭐가 잘못됐는지 알 수 있었다.

비구니 스님들은 산나물로 끼니를 잘 해결하고 떠났다. 아니나 다를까 시자가 와서 큰스님이 나를 찾는다고 했다. 죽었구나 싶은 생각에 풀이 죽은 채 성철스님의 방으로 들어가 먼저 절을 올렸다.

'니 오늘 그 비구니 스님들 산에 올라가 산나물 뜯어 오는 거 봤제? 그동안 니가 우째 하는가 두고 봤는데, 이제 더 못 보겠다. 다시는 장에 가지 말고 산나물 뜯어 먹어라이. 한 번 더 장에 가면 당장 쫓아 버리뿐다."

다음 날부터 당장 소쿠리를 들고 뒷산으로 올라갔다. 그런데 도대체 어떤 풀이 먹는 것인지 도저히 알 수가 없었다. 산에는 독초가 많다는데, 함부로 뜯어갈 수도 없고 난감했다. 대강 뜯어가며 산을 오르내리던 중이었다. 애기 손가락만한 굵기로 키가 30~50센티미터 정도 되는 덤불숲을 이루고 있는 풀이 있어 한 가지 꺾었다. 마침 동네 아주머니가 올라오기에 물었다.

"이거 묵을 수 있능교?"

"아이고 스님, 그거 고사리 아임니꺼? 스님은 고사리가 어째 생겼는지도 모르면서 산나물 뜯으러 다니능교?"

그 정도로 몰랐다. 동네 아낙한테까지 핀잔을 들어가며 조금씩 배워 갔다. 초여름이 되니 햇순이 돋아나기 시작했다. 장에 나가지 않고 백련암 주변 산을 몇 달 간 헤매며 산나물을 꺾어다 먹었는데 아무래도 반찬 나물이 모자랐다. 당시 백련암 경내엔 원추리(망우초)가 많아, 햇순을 삶아 원추리 나물을 해먹기도 했다.

하루는 뒷산 위쪽 대신 일주문 밖 아래쪽으로 내려가 나물을 소쿠리 가득 뜯어와 샘가에서 열심히 씻고 있었다. 어느 새 성철스님이 나와 어깨너머로 나물 씻는 모습을 유심히 살펴보고 있었다. 그 가운데서 유난히 색깔도 곱고 잎도 두툼한 풀잎을 하나 집어 들고는 나에게 물었다.

"니, 이거 무슨 풀잎인지 아나?"

뭔지 모르지만 솔직하게 대답했다.

"빛깔도 곱고 잎이 두툼한 것이 보기에 좋아 꺾어 왔심더."

성철스님이 고함이 터져 나왔다.

"이 자슥이 대중 다 죽이겠네! 이 잎은 사람이 먹으면 죽는다는 초우 아이가. 독초다 독초, 이놈아! 니는 그것도 모르고 꺾어 오나!"

한참 꾸중을 들었다. 큰스님이 꾸중을 마치며 한마디 내뱉고는 돌아섰다.

"니는 아무래도 안 되겠다. 내일부터 장 봐 묵어라."

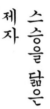

제자 스승을 닮은

성철스님의 은사인 동산스님이 상좌로 절집 생활을 시작한 성철스님에게 한 말이 있다.

"잘하려고 하면 탈나니 대강대강 사는 것이 대중살이다."

깨달음을 향한 구도의 열정은 충만하되, 절집의 일상 생활을 꾸려가는 살림살이에는 너무 신경쓸 필요가 없다는 뜻일 것이다. 그러나 성철스님이라는 까다로운 큰스님을 모시고 사는 입장에서, 더욱이 백련암 살림을 책임지는 원주 소임을 맡은 입장에선 사소한 살림에도 마음을 놓기 힘들었다.

씨감자는 여러모로 나를 힘들게 한 놈이다. 행자 시절 씨눈을 잘못 따 성철스님에게 혼이 난 기억이 생생한데, 원주가 되자 씨로 쓸 좋은 감자를 사는 일이 나를 괴롭혔다. 종자가 좋은 것을 사다 심어야 알도 굵고 생산도 많은데, 평소 다니던 가야장에 나오는 씨감자는 영 신통치가 않았다. 농민들이 좋은 것은 자기들이 쓰고 남는 것을 가져다 팔기 때문이다. 물어 물어 알아보니 백련암에서 8킬로미터쯤 떨어진 마장 마을의 씨감자가 좋다고 했다.

마장 마을에 부탁해서 씨감자 세 가마니를 구해 놓은 뒤 일꾼 한 사람과 함께 리어카를 끌고 갔다. 당시 마을 주민 한 사람을 일꾼으로 고용하고 있었다. 갈 때가 오르막이었으니 올 때는 내리막이 되었다. 일꾼이란 사람도 리어카를 끌어 본 경험이 별로 없었다.

브레이크 장치라고 해서 바퀴 뒤에 막대기를 꽂고 새끼줄로 단단히 동여매었다. 씨감자 파는 사람이 그 정도면 될 것이라고 하기에 그 말만 믿고 나섰다. 그래도 혹시나 해서 브레이크 막대기를 동여맨 새끼줄을 내가 뒤에서 붙잡고 당기며 갔다.

내리막길이 그렇게 무서운 줄 몰랐다. 그럭저럭 내려오다가 갑자기 급경사 비슷한 길이 나타났다. 이상한 기분이 들어 일꾼 아저씨한테 한 번 더 괜찮겠냐고 물었다.

"지금까지 잘 왔는데 별일 있겠습니꺼? 스님이나 뒤에서 새끼줄 단단히 잘 잡고 오이소."

그래서 새끼줄을 단단히 잡기 위해 팔목에 감아 거머쥐었다. 그런데 리어카가 점점 속도를 내기 시작했다. 뒤에서 새끼줄을 잡고 있는 나도 끌려가기 시작했다. 일꾼 아저씨에게 "리어카 좀 세워 봐요"라며 고래고래 소리를 질렀지만 리어카는 앞으로 내달리기만 했다.

급한 마음에 쪼그리고 앉아 몸을 뒤로 젖혔다. 하지만 리어카가 더 빨라지면서 앞으로 고꾸라지고 말았다. 손에 감은 새끼줄 때문에 질질 끌려갔다.

팔은 끊어지는 것 같고 가슴과 배, 다리까지 온통 길바닥에 내던져지니 고통은 이루 말할 수가 없었다. 손목에 감긴 새끼줄을 나도 모르게 풀어 버리고 말았다. 그러자 리어카가 순식간에 사라졌다.

"쿵!"

일꾼 아저씨가 튕겨 나가며 곤두박질쳤다. 순간 '일꾼 아저씨 죽은 것 아닌가?' 하는 불길한 마음이 들었다. 하지만 몸이 움직이지 않아 한참을 길바닥에 엎어져 있었다. 정신을 차리고 엉금엉금 기다시피 해서 가보니 다행히 리어카는 개울이 흐르는 절벽 쪽으로 떨어지지 않았다.

산비탈에 처박히면서 일꾼 아저씨가 튕겨 나간 것이다. 아저씨는 꼼짝달싹도 못하고 나뒹굴어져 있었다. 아무 대책도 없이 앉아 있는데 일꾼 아저씨가 꼼지락꼼지락 움직이기 시작했다.

"어디 다친 데 없어요?"

대답이 없다. 손목을 내미는데 시퍼렇게 멍이 들어 퉁퉁 부어 올랐지만 부러진 것은 아니었다. 상처투성이 둘이 앉아 있는데 웬 건장한 아저씨가 마장 쪽에서 내려오다가 우리를 봤다. 주변을 두리번거리더니 개울 쪽으로 떨어져 죽지 않은 것만 해도 다행이라며 쏟아진 씨감자를 주워담아 주었다. 그냥 보고만 있으니까 리어카를 동네까지 끌어다 주었다.

흙투성이, 피투성이, 흉칙한 몰골로 백련암에 들어서는데 마침 마당에서 포행하던 성철스님과 마주쳤다.

"니 꼴이 와 그러노?"

대충 경과를 보고했다. 성철스님이 혀를 차며 듣다가 한마디 던졌다.

"씨감자가 아이라 니가 땅속에 들어갈 뻔했네. 우쨌든 올해 감자 농사는 풍년이겠네."

위로인지 흉인지, 확실히 성철스님은 수행이나 계율과 직접 관련되지 않는 살림살이에는 무심한 듯했다.

시루떡 소동

선머슴으로선 생각지도 못했던 일을 너무 잘하려고 하니 늘 탈이었다. 씨감자 사건으로 한 명뿐이던 일꾼 아저씨가 놀라고 다쳐 한 달 가까이 끙끙거리며 일을 하지 못했다.

어쨌든 그 후 씨감자는 대관령에서 대량 재배된 것을 전국 단위농협에서 배급해 주는 바람에 더 이상 고생하지 않아도 됐다.

겨울 동안 큰 일은 간장, 된장을 만드는 일이다. 김장을 마치고 나서 콩을 삶아 메주를 만들어 양지 바른 곳에 매달아 두었다. 쿰쿰한 곰팡이 냄새가 진동하면서 발효가 한참 되고 나면 음력 정월 말날[午日]에 메주를 깨끗이 씻는다. 그리고 소금물을 만들어 부어서 간장과 된장을 만든다. 메주와 섞인 소금물이 곧 간장이고, 메주 건더기는 된장이다.

그것도 처음엔 쉽지 않았다. 메주를 씻고 소금물을 붓는 날은 온 대중이 나서서 울력을 해야 했다. 소금물 농도가 진하면 된장이 짜서 맛이 없게 되고, 소금물 농도가 연하면 된장이 제대로 되질 않아 소금을 뿌려야 한다. 나중에는 비중계를 써서 소금물의 농도를 맞추었다. 그렇게 궁하면 요령이 생기는가 보다.

그렇게 절 살림살이에 약간의 자부심이 생길 무렵, 하루는 큰맘 먹고 스님들을 위해 시루떡을 한번 만들어 보자는 생각이 들었다. 그래서 마을의 떡 잘 만드는 아주머니에게 떡 만드는 방법을 자세히 물었다. 가르쳐 준 순서대로 떡시루에 쌀가루를 한 5센티미터 두께로 한 켜 놓고 그 위에 호두를 고물로 깔고, 또 쌀가루 한 켜 놓고 이번에는 잣을 고물로 깔고, 또 쌀가루 한 켜 놓고 건포도를 고물로 깔고…… . 이런 식으로 다섯 겹으로 쌓아서 시루떡을 찌게 되었다.

백철 솥에 물을 붓고 접시를 띄워 놓고 떡시루를 솥에 얹고는 김이 새지 않도록 솥과 떡시루 사이를 쌀가루로 반죽해 바르고 불을 지폈다. 15분 지나니 떡시루 위로 김이 모락모락 피어오르기 시작하였다.

'야, 이제 떡이 되는 모양이구나!'

잔뜩 자부심과 기대감이 부풀어 올랐다. 쾌재를 부르며 불을 열심히 지폈다. 김이 더욱 무럭무럭 피어올라 부엌 가득 서릴 정도로 불을 땠다. 한 시간쯤 지나 이제 떡이 익었겠구나 싶어 떡시루 뚜껑을 열고 헤집어 보니 이게 웬일인가! 떡의 원료인 하얀 쌀가루가 익지도 않고 그대로 있는 것이었다.

'그렇게 불을 때고 김이 그렇게 솟아났는데 왜 그럴까?' 하면서도 이런 의외의 상황에 놀라 더욱 열심히 불을 지폈다. 그렇게 얼마쯤 지나니 속에서 딸깍거리던 접시 소리가 더 이상 들리지 않았다.

본래 떡을 찔 때 솥 속에 물이 얼마나 남았는지 밖에서 알지 못하므로 작은 접시를 하나 넣어 둔다. 물이 끓으면 그 힘으로 접시가 들썩들썩거려 바깥으로 딸깍딸깍 소리가 들리기 때문이다. 따라서 그 소리가 멎으면 솥 안에 물이 없다는 것이다.

접시 소리가 들리지 않아 얼른 아궁이 속의 불을 끄집어내고 시루본을 뜯어내고 떡시루를 내려놓고 한참 동안 솥을 식힌 다음 다시 물을 붓고 처음과 같이 시루본을 바르고 다시 불을 때기 시작했다.

그러기를 또 두 시간. 쌀가루는 여전히 하얀 생가루 그대로였다. 그때는 벌써 시루본을 세 번이나 다시 붙인 뒤였다. 도대체 알 수 없는 일이라 생각하며 골똘히 상념에 잠겨 있는데 느닷없이 성철스님의 목소리가 들려왔다.

"야, 이놈아! 지금 뭐 하고 있는 거고? 아침부터 김이 온 마당에 자욱하고, 지금이 오후 몇 신데 아직까지 불을 때고 있노 말이다. 니가 떡을 찐다고? 니놈이 언제 떡을 해보았다고 이 난리냐. 내 백련암에서 원주란 놈이 떡 한다고 법석 떠는 거는 처음 봤다. 원주 때려치우고 당장 나가거라. 이런 고얀 놈이 어딨어? 당장 나가, 이놈아!"

정말 무안하고 당황스러워 어찌 해야 좋을지 몰랐다. 나 역시 부엌 아궁이 앞에 앉아 하루 종일 불만 때고 앉아 있었으니 백번, 천번 야단맞아도 싸기는 싸다는 생각을 했다. 그렇지만 아무래도 이상해 그 떡 잘하는 아주머니에게 다시 전화를 걸었다.

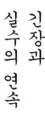

긴장과 실수의 연속

제대로만 하면 떡을 찌는 데 걸리는 시간은 30분 정도, 길어 봤자 한 시간 이상 걸리지 않는다. 그런데 나는 거의 하루 종일 불을 땠는데, 떡쌀은 익지 않고 성철스님에게 꾸중만 들은 꼴이다. 은근히 화도 났다.

애꿎은 떡 잘하는 아주머니에게 항의 전화를 걸었다. 먼저 자초지종 설명을 하는데, 아주머니가 자꾸만 "그럴 리가 없는데예"라며 믿기지 않아 했다. 그러다 아주머니가 한참 무엇을 생각하더니 "스님, 그럼 물반을 내렸습니꺼?"라고 물었다. 금시초문이다.

"언지요. 보살님이 일러주신 순서에는 물반 내린다는 말이 없었는데, 그게 무슨 말입니꺼?"

아주머니의 답답한 마음이 전화를 통해서도 느껴질 정도였다.

"아니, 그럼 물반도 내리지 않고 여지껏 불만 땠다는 말씀입니꺼? 쌀가루에 물반 안 내리고는 불을 백년을 때도 떡이 안 된다 아입니꺼."

그 즈음에서 나도 화가 났다.

"아니, 그렇게 중요한 것이라면 왜 진작 말씀하시지 않았습니꺼?"

시골의 불심 깊은 아주머니, 스님의 역정에 대번 기어 들어가는 목소리다.

"스님, 죄송합니더. 떡을 만들라카믄 너무 뻔하게 다 아는 거라서, 지가 그만 그걸 말씀드리는 걸 잊어뿌렸심더."

알고 보니 첫단추부터 잘못 끼어졌다. 떡을 만들려면 쌀가루를 빻을 때 방앗간 주인에게 얘기를 해주어야 한다. 그래야 방앗간 주인이 쌀가루에 알맞게 물을 뿌려 준다. 그것이 바로 물반 내린다는 것이다. 그래야 떡쌀이 익는다.

그런데 스님이 찾아와 아무 말도 없이 쌀을 빻아 달라고 하니, 방앗간 주인은 생식하려는 줄 알고 물반을 내리지 않고 빻아 준 것이다.

사태의 진상을 파악한 아주머니는 연신 "지송합니데이"를 연발했다. 부랴부랴 응급 대책을 물었다. 늦었지만 지금이라도 쌀가루 위에 골고루 물을 뿌리라는 것이다. 물을 부으면서 물방울을 손으로 흩어 골고루 뿌려야 하는데, 그나마 익숙지 않은데다 물을 너무 많이 뿌려 버렸다.

다시 불을 때니 금방 김이 오르고 그렇게 익지 않던 새하얀 쌀가루가 금세 익었다. 그런데 이건 또 웬일인가. 켜켜이 쌓아 둔 쌀가루가 코처럼 질퍽한 떡이 되어 엉켜 있었다.

'큰스님이 떡 하는 줄 아는데, 나중에 떡 어떻게 됐냐고 물으면 뭐라고 하나?'

우선 걱정부터 앞섰다. 성철스님은 자신이 시킨 일에 대해 꼭 세 번을 묻곤 하셨다. 처음에는 "내가 시킨 거, 니 잘했나?"라고 묻는다. 대개 처음에는 "예, 시키신 대로 잘했습니다" 하고 씩씩하게 대답한다.

그것으로 끝이 아니다. 성철스님은 좀 지나서 다시 불러 묻는다.

"내가 시킨 거, 니 정말 잘했나?"

그때는 뭔가 부족한 부분이 없지 않나 되돌아보게 된다. 그러면 "예, 시키신 대로 잘하기는 했습니다만……" 정도로 끝을 약간 얼버무리게 된다. 그러다가 일정한 시간이 지난 뒤에 또 성철스님이 불러 "니 참말로 잘했나?" 하고 물으면, 내가 정말 큰스님 뜻대로 잘한 건지 못한 건지 판단이 흐려지고 만다. 그러니 자연히 "시키신 대로 하기는 했습니다만……" 하고 영 자신없는 말투가 되어 버리곤 한다.

그렇게 마지막에 가서 긴가민가 하게 되면 영락없이 불호령이 떨어진다. 어른이 시키는 일에 그렇게 자신이 없어서 어떻게 하느냐는 것이다. 그러면 야단맞기가 겁나 이리저리 둘러대며 횡설수설하게 마련이다. 그러면 더욱더 불같은 호령이 떨어진다. 첫째도, 둘째도, 셋째도 한결같이 대답해야 한다. 그렇게 큰스님 모시기는 긴장의 연속이었다.

그런데 큰스님이 시키신 일은 아니지만 이런 엉터리 떡을 만들었다고 어떻게 내놓을 수 있겠는가. 그렇다고 아까운 양식을 버렸다가는 정말 절에서 쫓겨난다. 결론은 하나다. 혼자서 다 먹는 것이다. 다섯되나 되는, 그것도 질펀하게 코처럼 흘러내리는 떡을 혼자서 며칠간 먹어치웠다.

그런 곤욕을 치른 이후에는 떡 찌는 법을 확실히 배워 스님들에게 떡을 해줄 수 있었다. 뿐만 아니라 내친김에 약밥 만드는 법도 배워 가을에 거둔 밤과 대추를 듬뿍 넣어 별식을 내놓기도 했다. 이후에도 음식 만들기를 익히는 과정에서 크고 작은 실수는 있었지만 시루떡 사건 같은 곤욕은 치르지 않고 살림을 꾸려갈 수 있었다.

그렇지만 고추장 만들기와 같은 고난도의 기술이 요구되는 음식은 끝내 배우지 못했다.

큰스님의
똥물 처방

산중에 살면서 가장 큰 문제는 땔감과 난방이다. 지금은 기름을 사용하지만 1970년대만 해도 전부 나무를 사용했다. 나무하는 일 역시 원주인 내 소관이었다.

한 해 동안 쓸 땔감을 겨울이 끝나는 이른 봄부터 준비해 둬야 한다. 겨울이 가고 입춘이 지나 3월이 되면 '물구리' 라는 나무를 구하러 다닌다. 물구리란 큰 나무가 아닌 갓난아이 팔뚝 굵기만한 나뭇가지를 절집에서 일컫는 말인데, 보통 소나무로 50단 정도를 쌓아 두어야 봄, 여름, 가을까지 쓸 수 있다.

3월부터 서두르는 것은 4월이 돼 나무에 물이 오르기 전에 땔감 장만을 끝내야 하기 때문이다. 물이 오르고 나면 꺾어 두더라도 나무가 쉽게 썩어 버리거나 잘 타지 않는다. 그래서 3월이면 모든 스님들이 물구리를 구하러 나서는데, 당시 백련암 주변 가까운 산에선 이미 물구리 구하기가 힘들어져 꽤 깊은 산속까지 들어가야 했다.

물구리 과정에서 제일 신경쓰이는 일은 군청 산림과 단속반이다. 다른 연료가 없는데도 관청에선 불법이라며 물구리를 단속했다. 원주가 되고 얼마 지나지 않은 그날도 열심히 물구리를 구하고 있는데, 절에 남아 있던 시자스님이 헐레벌떡 뛰어 올라오며 고함을 질렀다.

"산림과에서 단속하러 왔으니까 얼른 모두 피하세요."

잔뜩 나무를 묶어 놓은 현장이야 어쩔 수 없지만 일단 몸부터 숨겨 모면은 해야 한다. 지게, 톱, 낫 등 도구만 대충 챙겨서 깊은 산으로 도망갈 수밖에 없다.

한참 숨어 있다가 산림과 직원들이 산을 내려갔다는 얘기를 듣고 다시 나와 물구리를 한 짐씩 지고 산을 내려오던 길이었다. 지게 지고 험한 산을 내려오는 것은 쉬운 일이 아니다. 높은 곳에서 낮은 곳으로 내려올 때는 몸을 돌려 지겟발이 허공으로 가게 해야 한다고 누누이 주의를 받았는데 또 깜빡했다.

급한 마음에 그냥 높은 곳에서 낮은 쪽을 정면으로 쳐다보면서 내려오다 보니 뒤로 튀어나온 지겟발이 바위에 걸린 것이다. 그 바람에 몸이 가파른 산길 아래로 밀렸고, 짐 실린 지게와 한꺼번에 붕 떠버리고 말았다. 픽하는 소리와 함께 나는 의식을 잃었다.

지게는 지게대로, 물구리짐은 물구리짐대로, 안경은 안경대로 어디로 날아가 버리고 나는 산골짜기에 거꾸로 박혀 있었다. 마침 깊은 산속이라 다행히 낙엽이 두껍게 쌓여 있었다. 어디를 다쳤는지 모르겠는데 꼼짝달싹할 수가 없었다. 스님들이 쫓아와 주무르고 법석을 피운 뒤에야 겨우 숨을 돌리고 일어나 앉았다.

'또 큰스님께 무슨 꾸중을 들을까?'

온몸이 삐걱대며 와르르 무너지는 듯한 순간에도 성철스님의 얼굴이 먼저 떠올랐다. 아프다는 소리도 못하고 이를 악물고 겨우 방까지 걸어와서는 며칠을 꼼짝 못하고 드러누웠다. 후유증이 없었기에 망정이지 하마터면 장애인이 될 뻔했다. 아무런 말도 없이 얼굴이 보이지 않으니 당연히 성철스님이 시자스님에게 물었다.

"요새 와 원주가 안 보이노? 어데 갔나, 아이면 또 사고쳤나?"

예전에 내가 그랬듯 당시 시자스님도 이실직고할 수밖에 없었다.

"산에서 나뭇짐 지고 내려오다가 공중제비로 나가떨어졌다고 합니다."

방문이 벌컥 열리더니 성철스님 얼굴이 시야에 들어왔다.

"굼벵이도 꿈틀거리는 재주는 있다카더니, 니놈도 그 순간에 어찌 지게 벗을 생각은 했노? 니가 지게를 벗었으니 살아났제, 지게하고 같이 굴렀더라면 지금 백련암 초상 치른다고 시끄러울 뻔했데이!"

잘 일어나지도 못하는 나의 몰골을 보며 안 됐다는 듯이 느슨한 꾸중을 하던 성철스님이 돌아서면서 처방전을 내놓았다.

"어혈(멍)든 데는 똥물이 최고라 했으니 똥물이나 얻어 먹어라."

옛날엔 재래식 화장실 똥통에 대나무통을 박아 두고 그 대나무 속으로 스며든 물을 약으로 썼다. 뼈 다친 데나 타박상에는 최고의 명약으로 통했다. 바로 그 물(?)을 마시라는 얘기다. 정신이 번쩍 들어 일어났다.

"인제 다 나았심더."

백련암의 텔레비전

1970년대 말, 성철스님을 따르는 신도들의 모임을 이끌던 회장단이 텔레비전을 한 대 사들고 와 성철스님 방에 놓자고 했다. 성철스님은 당연히 반대였다.

"나는 신문도 안 보고 라디오도 안 듣는 사람인데, 테레비는 무신 놈의 테레비고?"

신도들이 억지로 설득했다.

"텔레비전은 안 보시더라도 불교와 관련된 비디오테이프를 구해 올 테니 그럴 때라도 보면 되지 않겠습니까?"

그렇게 해서 백련암에 텔레비전이 들어왔다.

그 텔레비전 때문에 일어난 에피소드가 있다. 텔레비전이 들어오고 나서 얼마 뒤 성철스님의 심부름을 하러 서울로 가게 됐다. 심부름을 마치고 동대문야구장 앞을 지나는데 마침 모교인 경북고가 출전하는 경기 입장권을 팔고 있었다. 당시 경북고는 야구를 잘해 서울에 있는 동창들은 모교가 출전하는 게임이 있으면 우르르 야구장으로 향하곤 했다. 그때 생각이 문득 나 야구도 보고 동창도 볼 겸 입장권을 샀다.

예전엔 동창들과 주로 1루 쪽에서 응원을 많이 했다. 동창들이 있으려나 하는 생각에 1루 쪽으로 갔다. 동창이 보이지는 않았지만 얼마만에 보는 야구인가. 출가한 뒤 처음 서울에 온 거라 감개도 무량했다.

야구 경기에 몰두했다가 경기가 끝나고 밖으로 나오며 동창 몇몇의 얼굴이 보였다. 가까이 다가가 인사를 하니 "중도 야구 구경 다 오냐"며 놀려대면서도 반가워했다.

그렇게 친구들과 옛 이야기를 나누며 즐거운 시간을 보내고는 백련암으로 돌아왔다. 걸망을 풀고 다른 스님들과 인사를 나누는데 얼굴색들이 이상했다. 어떤 스님은 히죽히죽 웃는 것 같기도 하고, 어떤 스님은 구름 낀 하늘처럼 어두운 얼굴이었다. 전에 느껴 보지 못한 묘한 얼굴들이었다. 그때 한 사제가 다가와 할 말이 있다며 조용히 말을 건네왔다.

"그래, 무슨 말인지 해보시오."

"오늘 큰스님 뵈오면 크게 경칠 일이 생겼으니 단단히 각오하고 큰스님 방에 들어가야 합니다."

"왜, 또 무슨 일이 있었다고?"

사제를 다그치니 사건의 경위가 나왔다. 내가 서울로 심부름을 떠난 뒤 성철스님이 사제 스님 몇 사람을 불러 안마를 하게 했다. 그러면서 "너거들 심심할 테니 내 안 보는 텔레비전이나 봐라"고 하신 것이다. 성철스님은 실제로 텔레비전을 보지 않았다. 대신 상좌들이 안마를 하거나 할 경우엔 텔레비전을 보게 허용했다. 마침 텔레비전을 켜니 동대문야구장에서 고등학생들이 야구하는 모습이 나왔다. 성철스님이 물었다.

"저기 뭐꼬? 뭐 하는 기고?"

성철스님은 야구를 한 번도 본 적이 없었다. 상좌들이 저건 야구라고 하는 운동 경기인데, 요즘은 고등학생들끼리 하는 경기가 인기 좋다며 한창 설명을 하던 중이었다.

그때 카메라가 1루석 뒤쪽에 앉아 있는 밀짚모자에 멈추었다. 점점 클로즈업, 밀집모자 주인공의 얼굴이 커지는가 했는데 그게 바로 심부름 간 내 얼굴이었던 것이다. 성철스님이 큰눈을 더 크게 뜨며 물었다.

"저놈이 와 저기 가 있노? 심부름 시켰는데, 그거나 잘하고 저기 가 있는지 모르겠네. 그놈 참, 일 끝났으면 빨리 내려와야지 씰데없이 저기 와 가 있노?"

안마를 하던 스님들이 당황하기도 하고 신기하기도 해 키득거리기 시작했다. 어느 순간 누군가 참다 못해 웃음을 터뜨리자 모두 한참을 웃었다는 것이다. 스님들이 왜 그런 묘한 표정을 짓는지 이해가 됐다. 동시에 덜컥 걱정이 앞섰다.

'우째 하필이면 그때 테레비 카메라에 잡혀 가지고 이런 망신을 당하나?'

속으로 억울한 마음에 울화도 치밀었지만 이미 엎질러진 물이다. 내심 마음의 각오를 단단히 하고 성철스님의 방으로 들어갔다. 일단 절을 하고 시키신 심부름에 대해서 먼저 보고를 했다. 보고를 하면서도 언제 불호령이 떨어지나 하는 마음에 조마조마했다. 그런데 성철스님은 끝내 야구 이야기는 입 밖에 내지 않으셨다. 이미 지난 일에 대해선 거의 언급하지 않는 스님의 성정을 다시 한 번 확인했다. 무사히 큰스님의 방문을 나서면서 얼마나 기분이 좋았는지 모른다.

병중일여
病中一如

성철스님은 매우 건강한 체질이었지만 팔순을 전후해서는 기력이 쇠해 가는 것이 눈에 보였다. 특히 겨울 백련암의 추위는 노스님에겐 힘들었다. 그래서 겨울 한 철 동안 따뜻하게 지낼 수 있는 임시 거처를 부산에 마련했다.

말년 어느 해 겨울, 부산에 머물던 성철스님이 감기에 걸렸다. 나이가 많아서인지 감기는 금방 급성 폐렴으로 번졌다. 급히 동아대 대학병원에 입원을 했지만 건강은 급속도로 악화됐다.

당시 나는 해인사의 대소사를 챙기는 총무국장직을 맡고 있어 주말에만 부산에 내려가 큰스님을 뵈었다.

하루는 주말도 아닌데 큰스님께서 급히 찾으신다는 전갈이 왔다. 혹시나 하는 불안한 마음에 부산 동아대 대학병원으로 달려갔다. 헬쑥한 얼굴의 성철스님은 나를 그저 물끄러미 바라볼 뿐 아무 말씀도 하지 않았다. 잠시 후 건성으로 해인사 형편을 몇 마디 묻다가 무심히 한마디 던졌다.

"똑같다."

느닷없이 무슨 말씀인가. 나는 못 알아듣고 말없이 눈망울만 굴리고 있었다.

"이놈아! 똑같다 말이다."

무엇이 똑같다는 말인지 전혀 알아듣지 못했다. 할 수 없이 용기를 내 물었다.

"무엇이 똑같다고 말씀하시는 겁니까?"

성철스님이 한참을 노려보다가 입을 열었다.

"옛날 젊었을 때나, 10년 장좌불와 때나, 지금이나 다 똑같다는 말이다. 니 벽창호는 언제 면할라카노? 그 말도 얼른 못 알아듣나? 쌍놈 아이가!"

목소리에 짐짓 노기가 묻어난다. 그제야 대강의 의미를 알아들었다. '똑같다'는 불교식으로 하면 '일여一如'라는 말이다. '일여'의 단계엔 여러 가지가 있다.

하루 중 바쁘고 바쁠 때에도 화두가 머릿속을 떠나지 않는 경지를 동정일여動靜一如라고 한다. 깨어 있을 때는 물론, 꿈속에서도 화두가 밝고 밝아 항시 한결같은 경지는 몽중일여夢中一如, 잠이 아주 깊이 들어서도 화두가 밝으면 숙면일여熟眠一如가 된다.

성철스님은 평소 선방에서 수행하던 스님들에게 그런 '일여'의 경지를 역설해 왔다.

"그런 숙면일여, 즉 오매일여寤寐一如의 경지를 넘어서야 비로소 안과 밖이 투철해지고〔內外明徹〕, 무심無心을 얻어 큰 깨달음〔大覺〕을 이룬다."

성철스님이 해인사 스님들을 모아 놓고 가르치던 법문이 떠올랐다. 성철스님이 와병 중에 똑같다고 한 말은 병이 위중해 때때로 죽음의 경계를 드나드는 지경에 이르렀을 때에도 큰스님은 내면의 세계를

참선하는 이는 바쁘고 바쁜 때에도 화두가
한결같은 동정일여, 꿈속에서도 변함없는 몽중일여,
잠이 완전히 들어서도 화두가 밝은 숙면일여의 경지를
넘어서야 한다고 가르치셨다. 실제로 성철스님께서는
임종 직전 병상에서도 화두가 한결같다고 하셨다.

들여다보고 있었다는 얘기다. 바로 병중일여病中一如다. 목숨이 오락 가락하는 상태에서도 평상시와 조금도 다름없이 깨달음의 마음이 한결같다는 뜻이다. 성철스님은 병중에서도 한결같음을 처음으로 체험하고, 그 마음을 내게 전해 주고 싶었던 것으로 짐작된다. 죽음 앞에서도 한결같음을 느낀다는 큰스님 앞에서 나는 부끄럽고 숙연할 따름이었다.

그런 와중에서 나는 챙겨야 할 일이 있었다. 큰스님의 사후를 대비해야 한다는 의무감이다. 죄송스럽지만 더 이상 미룰 수 없는 일이라 용기를 냈다.

"큰스님! 오늘 이렇게 저를 불러서 똑같다고 말씀하시니 제가 무어라 말씀드릴 수 없이 부끄럽습니다. 큰스님께서 언제 가실지 저희로서는 짐작할 수 없는 일이니 오늘 몇 말씀 올릴까 합니다. 큰스님의 법法은 누구에게서 받았으며 또 누구에게 전했다 할 수 있겠습니까? 후일에 혼란을 막기 위해서라도 한 말씀 해주셨으면 합니다. 그리고 큰스님께서 언제 어디서 깨치셨으며 오도송은 무엇인지 일러주셨으면 합니다."

정말 평소에는 큰스님 앞에서 감히 꺼낼 수 없는 말이다. 성철스님은 한참 나를 쳐다보셨다. 그리고 종이와 만년필을 가져오라고 했다.

"앞에 한 질문은 나중에 이야기하고……."

'법의 승계', 즉 큰스님의 적통嫡統 문제는 뒤로 미루자는 얘기다. 그러면서 종이에 출가시出家詩와 깨달음의 노래인 오도송悟道頌을 적어 주셨다. 오도송은 출가 후 3년쯤 지나 대구 동화사 금당선원에서 불렀다고 한다.

3장

영원한 대자유인, 성철스님

평생을 쓰셨던 나무책상

하늘 넘친 큰 일들은 붉은 화롯불에 한 점의 눈송이요
바다를 덮는 큰 기틀이라도 밝은 햇볕에 한 방울 이슬일세
그 누가 잠깐의 꿈속 세상에 꿈을 꾸며 살다가 죽어가랴
만고의 진리를 향해 초연히 나 홀로 걸어가노라.

큰스님은
부잣집 맏아들

성철스님이 태어난 생가 터에 기념관을 짓고, 옆에 다시 겁외사 劫
外寺라는 이름으로 절을 창건한 것이 지난 봄이다. 많은 사람들이 관
심을 갖고 찾아와 제자된 입장에선 여간 고마운 게 아니다.

그런데 오시는 분들 중에서 주지스님을 찾기도 하는데 가보면 가끔
항의하는 분들이 있어 당혹스럽다. 항의의 내용인즉 생가를 복원한
다면서 왜 이렇게 큰 기와집으로 번들번들하게 지어 놓았느냐는 책망
이다.

보통 사람들이 생각하는 성철스님 생가란 토담으로 둘러싸인 자그
마한 초가집 정도인 까닭이다. 막상 생가라고 찾아왔는데 번듯한 기
와집 세 채가 자리잡고 있으니 실제 생가와는 무관한 복원 아니냐고
항의할 만도 하다.

사실 성철스님은 가난한 집안 출신이 아니라 지리산 자락 인근에선
제법 큰 부잣집 맏아들로 태어나셨다. 아버지가 집안 살림을 잘 키워
사방 1킬로미터 이내에서 남의 땅을 밟지 않고도 지낼 정도였다고 한
다. 앞으로 경호강을 바라보며 대나무숲을 옆에 끼고 있는 생가 일대
에서 온갖 수확이 많았다고 한다. 따라서 당연히 성철스님이 태어난
집은 초가집이 아니라 기와집이었다.

그런 설명을 해주면 많은 사람들은 "그럼 큰스님은 가난한 집 아들이 아니라 부잣집 아들이었나 보네. 그런 부잣집 아들이 왜 출가했지"라며 고개를 갸웃거린다.

얼마 전까지만 해도 출가승들의 상당수가 가난한 살림에 먹을 것이 없어 절집에 몸을 의탁한 경우가 꽤 많았고, 큰스님 출가 당시엔 그런 경우가 압도적으로 많았기에 그런 의문을 가질 만도 하다.

성철스님이 들려준 어린 시절 얘기로 미뤄 봐도 큰스님 집안은 넉넉했던 것으로 보인다. 큰스님은 기분이 아주 좋을 때, 특히 제자들의 안마를 받을 때 어린 시절 얘기를 곧잘 해주셨다.

"내가 옛날 우리 동네 얘기 하나 해줄게. 우리 동네에 어린 아가 하나 있었는데 고집이 센지라 하고 싶은 거는 꼭 해야 하는 거라. 그런데 지가 뭐 할라카면 돈이 필요하거든. 그래 돈이 필요할 때마다 저거 집 대문 앞에서 저거 아부지 이름을 불러대는 거라. '아무 거시야, 아무 거시야' 하면서 아부지 이름을 막 부르는 거라. 그라면 우짜겠어. 온 동네 창피하니까 그 어머니가 돈을 주거든. 그러면 그 돈 받아가지고는 얼른 어데로 가버리지. 아무리 야단쳐도 소용없어. 어데 갔다가 다시 돈이 필요하면 또 저거 집 대문 앞에서 아부지 이름을 불러……."

제자인 우리도 재미있게 들었지만, 얘기하는 성철스님도 얼굴에 홍조를 띠며 즐거운 표정이었다. 우리는 그저 '큰스님 살던 동네에 그런 괴짜 아이가 하나 있었구나' 하는 정도로만 생각했었다.

그런데 한참 세월이 지난 어느 날 지족암에 계시던 일타스님(1929~1999년, 전 원로의원 및 은해사 조실)을 찾아뵙게 됐다. 일타스님이 이런저런 얘기를 하다가 "너거 큰스님 어릴 때 얘기 하나 해주까?" 하며 입을 여는데, 성철스님에게 들었던 그 악동 얘기가 아닌가. 그 악동이 바로 성철스님이었던 것이다.

성철스님은 1920년 아홉 살에 고향인 경남 산청군 단성면에 있는 단성초등학교에 입학했다. 당시에는 제 나이에 학교 가는 아이들이 거의 없었다고 한다. 그래서 대부분의 동급생들은 스무 살 전후였다고 한다. 양반 자제들은 학교에 잘 보내지 않았고, 주로 마름살이나 종살이하는 사람들이 다 자란 아이를 어렵사리 학교에 보냈다고 한다.

큰스님이 자주 들려준 얘기에 따르면, 당시 경호강을 건너 학교에 다녀야 했는데 다 큰 어른인 급우가 큰스님을 등에 업고 건네다 주었다고 한다. 물론 큰스님도 초등학교에 입학하기 전 이미 동네 서당에 다니면서 한문을 깨우쳤다.

큰스님의 어린 시절 얘기를 많이 알고 있던 일타스님에 따르면 성철스님은 어려서부터 책을 좋아했다고 한다.

"너거 큰스님이 어릴 때 온 동네 시끄럽게 한 적이 가끔 있었는데, 책 때문에 그런 적이 많았던 거라. 한문을 일찍 깨쳐 어려서 소설《삼국지》를 한문으로 읽었는데, 하루는 적벽대전 장면이 어찌나 재미있는지 학교에서 돌아오다가 그냥 나무그늘에 주저앉아 버렸지. 집에 올 생각도 않고 책에 빠져 있는데 해가 저물었어. 집식구들이 아이를 찾는다고 온 동네 뒤지고 다니며 야단법석을 피웠지."

성철스님의 공식 학력은 초등학교 졸업이 전부다. 그러나 평생 독학을 거듭하며 많은 책을 읽어 그 지식의 깊이와 넓이를 가늠하기 힘들 정도였다.

무자화두 無字話頭

　성철스님은 어려서 한문을 배웠고 초등학교에서는 일본어를 배웠다. 글에 관한 기초가 잘 다져진 셈이었다. 게다가 책읽기를 좋아해 동서고금의 이름난 책들을 혼자서 열심히 읽었다고 한다.

　"젊어서는 다독 주의였어. 관심이 많아 이런저런 책들을 보기는 많이 봤는데, 처음 볼 때는 뭔가 있나 하다가 곧 싫증을 내곤 했지. 그래서 어디 크게 마음을 못 붙였어. 그러다가 불교의 《증도가證道歌》(선불교의 깨달음을 운문 형식으로 노래한 책)를 얻어 봤는데, 캄캄한 밤중에 횃불을 만난 것 같고 밤중에 해가 뜨는 것 같더라구. 내 갈 길이 환히 비치는 것 같더란 말이야. 그래서 출가하기 전에 나는 《증도가》를 감명 깊게 많이 외웠지."

　성철스님의 지적 편력은 큰스님 본인이 출가하기 전인 1932년 12월에 직접 써놓은 〈서적기書籍記〉에 잘 나타난다.

　큰스님이 붓으로 쓴 책 목록 가운데 눈에 띄는 책들을 보면 《철학사전》《논리학통론》《동서사조강화》《순수이성비판》《실천이성비판》《민약론》《자기암시법》《신구약성서》《사적유물론》《철학체계》《역사철학》《유물론》《자본론》 등이 포함돼 있다. 자신이 읽었던 약 70여 권의 책 이름을 적어 놓은 것이다.

지리산 산자락에서 초등학교밖에 나오지 않은 소년이 읽었으리라고 짐작하기 어려운 책들이다. 성철스님은 이렇듯 동양의 사서삼경 등 고전은 물론이고 서양 철학서들까지 구할 수 있으면 모두 구해 읽었다.

도쿄 유학생들이 방학 때 고향에 돌아오면 책 구경하러 일부러 찾아갔다고 한다. 성철스님이 보지 못했던 책이 있으면 쌀가마를 지고 가 책을 샀다고 한다. 큰스님의 그런 편력에 대해서는 간간이 들어왔는데, 큰스님 입적 이후 유품을 정리하다 〈서적기〉를 발견하고는 지난 말씀이 모두 사실이었음을 확인했다.

또 지금 도선사 선원장이신 도우스님이나 입적하신 일타스님에 따르면, 한때 성철스님은 일본 도쿄로 건너가 여러 유학생, 학자들과 만나고 도서관을 뒤지며 책을 읽다가 고향으로 돌아왔다고 한다. 이렇게 진리를 찾고자 하는 성철스님의 끝없는 열정에도 불구하고 세속 학문에서는 길을 찾지 못했다고 한다.

"유학자 집안이라 누가 불교에 관심이나 뒀나. 그런데 출가 전 어려서부터 몸이 안 좋아 약탕관을 메고 대원사란 절에 자주 요양하러 갔었는데, 그때 다닐 때는 아무 생각이 없다가 스무 살이나 되니까 불교에 관심이 가더라구."

당시만 해도 결혼한 승려인 대처승이 대부분이라 절 마당 빨랫줄에는 아기 기저귀나 여자 속옷이 걸려 있기도 했다. 그런 모습을 보면서 성철스님은 "이게 무슨 절 살림이고"라는 불쾌감이 적지 않았다고 한다. 성철스님이 불교에 본격적인 관심을 갖게 된 계기는 앞의《증도가》와 중국 송나라 때의 대혜스님이 지은《서장書狀》이라고 한다. 《서장》은 대혜스님이 사대부 등에게 참선하는 이유와 방법 등을 편지 형식으로 설명한 글을 모은 책이다. 지금도 승가대학 또는 강원의 교재로 쓰이고 있다.

성철스님은 《증도가》와 《서장》을 보고 지금까지 세속의 학문을 통해 접했던 진리와는 전혀 다른 정신 세계가 존재함을 뼈저리게 느꼈다고 한다. 성철스님은 이후 《불교》라는 잡지를 보면서 화두를 선택했다. 바로 '무자화두無字話頭', 선종 발달사에서 가장 유명한 화두다.

'무無'라는 화두의 유래는 이렇다. 중국 당나라 시절 어떤 스님이 조주스님(778~897년)에게 물었다.

"개에게는 불성이 있습니까, 없습니까?"

중국 선불교 전통에 큰 획을 그은 조주스님이 대답했다.

"없다〔無〕."

정확히 말하자면 '구자무불성狗子無佛性(개에게는 불성이 없다)'이라는 화두다. 이 말이 왜 화두가 되는가. 부처님의 가르침에 따르면, '위로는 과거의 여러 부처님으로부터, 아래로는 저 미물에 이르기까지 일체 중생에게 모두 불성이 있다고 한다. 그런데 조주스님은 개에게 불성이 없다고 했다. 모순이 아닐 수 없다. 바로 그 모순에 대한 의문, 의심이 참선의 출발이다. 성철스님은 이에 대해 "개에게도 불성이 있느냐고 물었는데 어째서 없다고 했는고? 이를 의심하고 의심해가는 것이 무자화두의 참구고, 참선 정진"이라고 설명했다.

동정일여,
몽중일여,
숙면일여

성철스님이 불교의 길로 들어서는 인연을 맺은 지리산 대원사를 얘기할 때면 빼놓지 않는 대목이 세 가지 있다.

성철스님이 대원사로 들어갈 당시엔 출가한 상태가 아니었다. 성철스님은 혼자 불교 서적을 보면서 '개에게는 불성이 없다'는 화두를 들고 집에서 참선 정진에 들어갔다. 정진을 거듭하는 가운데 큰스님은 차츰 새로운 길을 찾았다는 자신감을 얻었다고 한다. 그런데 집에서 참선 정진하니까 아무래도 집중이 잘 되지 않았다고 한다. 그래서 출가도 안 한 상태에서 그냥 대원사로 살러 들어갔다. 그렇게 막무가내로 들어갔으니 누가 환대를 해주겠는가. 대원사와 관련해 들은 첫 번째 얘기는 당시의 나쁜 기억이다.

"젊었을 때 사상적으로 이리저리 헤매다가 불경을 보니까 불교가 아주 마음에 들더라 이 말이야. 그래서 참선 좀 하려고 대원사를 찾아갔지. 그때 대원사 탑전이 참 좋았어. 그래 거기 들어가 봤거든. 참선하기에 좋아 보이기에 안에 들어가 좀 있었지. 그런데 주지가 그걸 보고 펄쩍 뛰어. 본시 탑전이란 게 스님들만 있는 데지, 속인은 들어가지 못한다고 말이야. 그래서 한판 했지. 너거들은 살림 다 살고, 떡장사도 다 하고 그러고도 중이냐? 내가 불교 참선 공부 한다는데 웬 말이 많냐. 그래 가지고 된다, 안 된다 하는 판인데 얼마 안 가 주지가 갈렸어. 젊은 중이 주지대리인가를 맡았는데 그 사람하고는 그래도 말이 통했거든. 그래서 그 탑전에서 한겨울 보냈지!"

당시 대처승의 세속적인 삶, 특히 신도들에게 떡을 만들어 파는 상행위 등에 성철스님은 몹시 화가 났다고 한다. 격한 성격의 성철스님이 그렇게 노발대발 한판 해대는데 속인이나 마찬가지였던 대원사 스님들이 이길 수가 없었을 것이다.

성철스님은 이후 대원사 탑전에서 용맹전진을 시작했다. 용맹정진이란 하루 24시간 자지 않고 허리를 방바닥에 대지 않은 채 끼니때를 제외하곤 꼿꼿이 좌복에 앉아 참선 공부하는 것을 말한다. 누구의 가르침도 없이 사람들이 가고 오는 것도 모른 채, 밤낮으로 열심히 정진만 했다고 한다. 성철스님에게 자주 들은 두 번째 기억은 정진 당시의 심경이다.

"그때만 해도 지리산에 호랑이가 나타나 사람을 해친다는 소문이 자자했거든. 그래서 나도 호랑이밥이 될까 겁나서 밤에는 나가지도 못하고 문을 꼭꼭 걸어 잠그고 정진했지. 하루는 갑자기 '내가 뭐 땜에 이리 겁을 먹는고' 하는 생각이 들었제. 가만히 생각해 보니 언제 나타날지 모르는 호랑이를 겁내 떨고 있는 내 꼴이 우습단 말이야. 호랑이에 잡혀먹힐 때는 먹히더라도 겁내지 말아야겠다 싶어 그 뒤부터는 방문을 활짝 열어놓고 잤지. 그래 하루, 이틀, 사흘이 지나도 아무 일이 없었거든. 그 다음부터는 호랑이를 안 무서워하게 된 거라. 그래서 낮이나 밤이나 마음대로 쏘다녔제."

성철스님은 그런 사람이었다. 한번 결심하면 번복하거나 도중에 멈추는 일 없이 그대로 실행한다. 그런 태산 같은 의지로 용맹정진을 거듭했으니 보통 사람보다 먼저 깨달음의 경지에 다다를 수 있었던 것이다. 일타스님이 늘상 재미있게 들려주는 성철스님 자랑이 바로 그 깨달음에의 확신이다.

"성철스님은 대원사 탑전 얘기만 나오면 신나 하셨지. 입에 침을 튀기면서 설명하시는데, 얘기를 하다 입에 넣었던 밥숟가락을 확 빼면서 말하는 거야. '그게 42일 만이었어. 내가 42일 만에 동정일여가 됐거든. 동정일여가 되니까 정말 참선 부지런히 하면 도인 되겠다 싶데.' 늘상 얘기하면서도 그 대목에선 늘 흐뭇해했지."

성철스님이 말하는 동정일여란 앞서 이야기했듯이 '화두라는 의심 덩어리가 오나 가나, 앉으나 서나, 말할 때나 묵언할 때나, 조용하거나 시끄럽거나 상관없이 머릿속에 가득한 마음의 경지'를 일컫는 말이다. 참선하는 선승으로서 빠지기 쉬운 여러 단계의 심리적 장애, 즉 산란심, 혼침, 수마, 무기공을 뛰어넘은 경지를 말한다. 마음속에 화두가 빈틈없이 찬 동정일여의 상태, 이만한 마음의 경지를 어떻게 그렇게 짧은 기간의 수행으로 이룰 수 있는가 하는 것은 쉽게 설명되지 않는다. 이것은 그저 성철스님의 남다른 결심과 정진력을 확인할 수 있는 대목이라 생각된다.

성철스님은 참선 정진하는 데 수행자가 가야 할 목표를 이 시대에 사는 우리에게 분명하게 제시해 주셨다.

우리가 화두 공부를 할 때 일상 생활 속에서 마음이 하나도 흐트러짐 없이 물 속에 달이 비치듯이 늘 성성하게 화두가 들리는 경지를 동정일여라 하셨다. 또한 이 동정일여의 경지를 체득하여 더욱 화두 공부를 열심히 지어 가면 마침내 꿈속에서도 세속의 수겁의 업장인 꿈은 없어지고 그 대신 생시나 다름없이 꿈속에서도 낮과 똑같이 화두가 들리는 경지에 이르게 되는데, 이런 경지를 몽중일여 夢中一如라 하셨다. 그러면 이것으로 참선 공부, 화두 공부가 끝이냐 하면, 여기서도 한 걸음 더 나아가 우리가 잠이 깊이 들어 누가 업어가도 모를 지경에 이르렀을 때에도 화두가 성성하게 들리는 경지가 나타나는데 이 경지를 숙면일여 熟眠一如 또는 오매일여 寤寐一如라 하셨다.

이 세 관문을 뚫어서야만 화두를 깨칠 수 있고 비로소 만근의 짐을 내려놓는 완성된 공부인이 된다고 성철스님은 평생을 역설하셨던 것이다. 앞에서 거듭 언급했듯이 보통 사람들은 화두 공부한다. 참선 정진한다 하고 좌복 위에 앉아 있지만 어쩜 평생 산란심 하나 다스리지 못할지도, 혼침이나 수마에서 벗어나지 못할지도, 성철스님이 그렇게 경책하신 무기공에서 벗어나지 못할지도 모른다. 그러니 도에 이르는 이 세 가지 관문인 동정일여, 몽중일여, 숙면일여를 통과한다는 것이 얼마나 어려운 일인가를 어렴풋이 짐작할 수 있을 것이다.

옛날 도인 스님들은 "도를 이루는 데는 쉽기로 말하면 세수하다가 코 만지기보다 쉽고, 어렵기로 말하면 한강에 바늘 빠뜨리고 그것을 찾는 것만큼 어렵다"고 말했다. 이제 돌이켜 보니, 산란심에 휘둘리고 상기병에 머물고, 혼침과 수마나 무기병에 머무는 한, 아무리 정진하여도 한강에 빠뜨린 바늘을 찾는 것과 같이 도를 이룬다는 것은 어렵고 어려운 일일 것이다.

해인사의 초대

성철스님은 42일 만에 동정일여의 경지에 올랐다지만, 막상 대원사는 '이 고집 센 속인'이 여간 골칫거리가 아닐 수 없었다. 속인이 혼자서 탑전 선방에 버티고 앉아 있으니 여러 가지로 불편했던 것이다.

고민하던 대원사 스님들이 큰절인 해인사로 공문을 보냈다. 이상한 청년 한 명이 수행한다며 탑전을 차지하고 있는데 어떻게 처리했으면 좋겠냐는 문의였다.

그러자 해인사에서 효당曉堂 최범술스님이 대원사로 찾아왔다. 정황을 파악하기 위해 찾아온 스님이 출가 이전 속인 신분인 성철스님을 보고는 해인사 행을 권했다.

"해인사가 절도 크고 좋은 곳이니 같이 갑시다. 지금 해인사에는 용성스님(1864~1940년, 민족대표 33인 중 한 분)과 만공스님(1871~1946년, 근대 선불교의 대가) 같은 훌륭한 분들이 계시는데, 그분들이 꼭 청년을 데려오라고 했소."

성철스님은 처음에 이 제안을 거부했다.

"여기 대원사도 조용하고 참선하기 좋은데, 뭐 하러 일부러 해인사로 찾아가겠습니까?"

하는 수 없이 범술스님은 "지금 당장은 아니더라도, 잘 생각해 보고 꼭 한 번 해인사로 오시오"라는 말을 남기고 떠났다. 얼마 뒤 성철스님은 마음을 바꿨다. 성철스님은 해인사로 찾아간 경위에 대해 이렇게 말씀하셨다.

"얼마 있다가 해인사 같은 큰 절도 괜찮겠다 싶은 마음이 들더란 말이야. 그래서 대원사를 떠나 해인사로 갔지. 그런데 나보고 오라 캤던 최범술스님이 없어. 이고경스님이 주지를 하고 있더군. 찾아가서 단도직입적으로 말했지. 최범술스님이 찾아오라고 해서 왔는데 없어서 당신을 찾아왔다. 나는 중은 싫어하는데 부처님을 좋아해 참선 공부 좀 하려고 그런다고 말이야. 별로 듣기 좋은 얘기를 한 거는 아닌데, 어째 이리저리 말을 해보니까 통하는 거라. 그 스님이 좋아하더라."

이고경스님도 당대의 유명한 스님으로서 성철스님의 그릇을 알아본 듯하다. 성철스님의 말은 계속 되었다.

"고경스님이 생면부지 초면인데, 일단 자기 방에서 같이 자고 다시 얘기하자는 거야. 그래서 이런저런 얘기를 하다가 주지 방에서 하룻밤을 잤지. 다음 날 내가 다시 나는 공부하러 온 것이니 공부할 방을 달라고 했더니 고경스님이 원주스님을 불러 선방에 머물게 하라고 하더라구. 그런데 원주가 안 된다는 거야. 속인을 선방에서 받은 일이 없다는 거야."

원래 속인은 선방을 드나들 수 없다. 하물며 선승들과 함께 나란히 앉아 참선한다는 것은 있을 수도 없는 일이다.

그럼에도 불구하고 주지 고경스님은 이 청년은 다른 사람과 틀리니까 시키는 대로 선방에 들게 하라며 원주를 야단쳤다고 한다. 성철스님이 출가 얘기를 들려줄 때 은근히 힘을 주어 말하는 대목이다.

"고경스님이 주지가 받으라면 받지, 무슨 말이 많냐며 꾸짖으니 원주가 뭐라고 하겠어. 원주스님이 '에이, 모르겠다'며 나를 선방으로 데려가더군. 가보니까 퇴설당堆雪堂(해인사의 옛 선방으로 지금은 방장실)이더구면. 속인으로 선방에 들어가 참선한 거는 그래 내가 처음이고 마지막일 거야."

당시 참선 수행을 함께 한 사람으로 성철스님이 자주 언급한 인물은 김법린 씨다. 동국대 총장과 문교부장관까지 역임했던 김씨가 당시 해인사에서 불교를 공부하고 있었다고 한다. 그는 책을 좋아하던 성철스님에게 불교 서적을 많이 빌려 주었다.

"김법린이란 사람이 나를 볼 때마다 책을 내놓았지. 다 봤다고 하면 자꾸 책을 바꿔 주더군. 그러면서 우리 둘이 같이 교教, 즉 불교학을 했으면 좋겠다고 구슬리는 거야. 참선하지 말고 불교학을 공부하자는 거지. 그래서 '우리 집이 부자는 아니지만 책 살 돈은 있네' 하며 거절하고는 책을 빌려 보지 않았지."

성철스님은 참선 수행이 득도의 길임을 확신하고 있었던 것이다. 김씨는 속인이면서도 상당한 불교적 지식과 확신을 지닌 성철스님에게 많은 흥미를 느꼈던 것 같다. 성철스님의 기억에 따르면 그는 성철스님에게 많은 것을 묻곤 했다고 한다.

"김법린, 그 사람 나한데 뭐 대개 많이 물어보대. 한번은 해인사에 오기 전에 불교를 어디서 배웠냐고 묻길래 '배우기는 누구한테 배워. 내 혼자 터득했지' 라고 말했지. 그랬디만 놀랍다는 표정으로 '내가 지금 얼마나 교학을 공부했는데, 당신은 교학을 배운 바가 없다면서 어떻게 그렇게 다 아느냐?'고 묻더군. 뭐가 대개 이상했던갑제."

성철스님은 그렇게 출가 이전에 이미 상당한 불교 공부를 했던 것
이다.

출가송
出家頌

彌天大業紅爐雪이요 跨海雄基赫日露라
誰人甘死片時夢가 超然獨步萬古眞이로다.

하늘 넘친 큰 일들은 붉은 화롯불에 한 점의 눈송이요
바다를 덮는 큰 기틀이라도 밝은 햇볕에 한 방울 이슬일세
그 누가 잠깐의 꿈속 세상에 꿈을 꾸며 살다가 죽어가랴
만고의 진리를 향해 초연히 나 홀로 걸어가노라.

성철스님이 출가하면서 심경을 노래한 출가시 전문이다. 득도의
길로 나서는 장부의 호연한 기품이 느껴진다.

성철스님은 대원사 대처승들의 세속적 삶을 보고 출가하지 않겠다
고 결심했었다. 그런데 해인사로 옮기고 얼마 지나지 않은 1936년 3월
출가를 했다. 큰스님은 당시의 정황과 심경에 대해 이렇게 말했다.

"해인사 선방에 참선 정진한다고 앉아 있으니까 여러 사람이 날 찾
아오대. 노장들한테 내 궁금한 거를 막 물어봤제. 그런데 노장들이
뭘 하나도 모른다 아이가. 실망하고 있던 차에 동산스님이 찾아온 기
라. 지금 생각해 보만 건방졌제 내가. 맨날 그랬던 것처럼 그 스님에
게도 단도직입적으로 물어봤제."

동산스님은 한국 불교사에 길이 남을 큰스님으로, 일제하에서 의학을 전공한 엘리트이다. 3·1독립선언에 서명한 민족지도자 33인에 포함된 용성스님의 가르침을 받고 출가했다. 1950년대 불교 개혁 과정에서 종정으로 현대불교의 기틀을 잡은 고승인데, 당시엔 백련암에 머물고 있었다. 출가도 않은 청년이 이런 큰스님에게 당돌하게 물었다고 한다.

"나는 이리저리 공부했는데, 스님 생각은 어떻소."

동산스님은 초면에 이런 질문을 해대는 당돌함이 마음에 들었던 듯하다. 처음엔 이상한 놈이라는 표정이었는데, 조금 지나서는 빙긋이 웃었다고 한다. 성철스님은 당시를 이렇게 회상했다.

"뭐 때문인지는 몰라도 동산스님이 혼자 웃다가 대답은 안 해주고 백련암에 놀러 오라고 하고는 그냥 가더만. 그래서 내가 백련암으로 찾아갔지. 어지간히 반가워하대. 그러더만 나보고 '중 되라'고 그래 쌌는 기라."

마치 성철스님이 나에게 중 되라고 권했던 것처럼 동산스님이 청년 시절 성철스님에게 출가를 권했던 것이다. 그러나 성철스님은 절집 살림에 이미 실망해 있던 사람이 아닌가.

"그래 나는 중 안 될라고 원력願力 세운 사람이라 캤지. 진짜로 중 될 마음은 통 없었던 기라. 그런데 내 이름, 불명을 지었다며 주는데 보니, 성철性徹이더라고. 지금 내 이름 아이가. 나는 아무 말 안 했는데, 언제 날 받았다고 계를 준다고 오라는 기라."

젊어서부터 고집이 대단했던 성철스님, 더욱이 출가 않기로 결심한 사람이 그 마음을 굽힌 계기는 영 심심하다. 별 이유나 계기도 없다.

"그런데 참 이상도 하지. 중은 정말 안 될라 캤는데, 그 노장을 가만히 보니까 싫지가 않더란 말이야. 그래 어째 하다 보이 영 이상하게 돼버렸어. 강제로 계를 받은 거야. 동산스님의 상좌가 된 거라."

이렇게 성철스님은 출가했다. 동산스님과의 인연, 출가의 인연은 그렇게 우연처럼 시작됐다. 성철스님은 원래 동산스님의 둘째 상좌다. 그런데 해방된 직후 맏상좌가 환속하는 바람에 성철스님이 맏상좌가 됐다.

동산스님을 따라 부산 범어사 금어선원에서 하안거 한 철을 난 성철스님은 범어사 산내 암자인 내원암으로 가서 할아버지 격인 용성스님을 시봉했다. 용성스님이 동산스님의 스승이니까, 용성-동산-성철로 이어지는 선불교의 맥이 완성된 것이다.

당시 용성스님은 3·1운동으로 구속됐다 풀려나 범어사 내원암에 머물고 있었다. 용성스님은 다른 스님들을 모두 선생이라고 불렀는데, 손자뻘인 성철스님만은 꼭 "성철수좌" "성철스님"이라 불렀다고 한다. 성철스님이 그 까닭을 물었다.

"스님이라고 부를 만한 중이 있어야지. 그런데 너를 대하니 스님이라고 부를 만하다는 생각이 들어. 앞으로 참선 정진 열심히 해라."

용성스님은 성철스님을 그토록 미더워했다. 그래서 서울 대각사로 옮겨갈 때에도 성철스님에게 같이 가자고 했다. 그러나 성철스님은 "예" 하고 대답만 하고는 부산역에서 도망쳐 버렸다. 노장의 말을 듣지 않은 이유가 성철스님답다.

"노스님 따라갔다가는 평생 시자 노릇만 할 것 같은 기라."

성철스님의
아버지

성철스님의 가족에 대한 이야기는 별로 알려진 것이 없다. 그러나 한 인물을 얘기하면서 그 부모에 대한 얘기를 생략할 수는 없다. 성철스님과 가까운 분들에게 들은 가족 얘기를 자세하지는 않더라도 조금 언급하고 지나가고자 한다.

성철스님의 아버지 이름은 이상언李尚彦, 자字는 사문士文, 아호는 율은栗隱, 관향貫鄉은 합천陝川이다. 조선말 국운이 기울어 가던 1881년 동짓달 초하루 경남 산청군 단성면 묵곡리 대대로 살던 집에서 태어나 평생을 그곳에서 살았다. 진양晋陽 강姜씨를 아내로 맞아 슬하에 4남 3녀를 두었는데, 성철스님이 장남이다.

부친은 평생 남에게 굽히는 일이 없을 정도로 성정이 당당하고 직설적이었다. 외모는 성철스님보다 더 훤해 지팡이를 짚고 삿갓을 쓰고 길에 나서면 선풍도골仙風道骨의 모습이었다고도 하고, 유림으로 향교에 가 좌정하면 향교가 다 훤해질 정도였다고도 한다.

어쨌든 성철스님의 기골 장대하면서도 시원스런 외모는 이런 부친을 많이 닮았던 듯하다. 성철스님이 들려준 일화에 따르면 부친은 무서우면서도 자상한 면이 많았던 분이다.

"우리 집에 밤나무가 마이 있었거든. 그라이 온 동네 아이들이 우리집에 밤 훔치러 오는 게 일이라. 몰래 밤나무에 올라가 밤을 따가는데, 선친은 보고도 아무 말을 안 해. 가만 보다가 아이들이 나무에서 다 내려오면 그때 호통을 치는 기라. 나무 위에 있을 때 뭐라고 하면 아이들이 나무에서 떨어질까 봐 그런 거 아이가."

부친은 매우 주도면밀하고 세심한 분이기도 했다. 집 우물가에 구기자 나무를 심어 놓고 매일 새벽 일어나 남보다 먼저 샘물을 떠마셨다고 한다. 우물가 구기자 뿌리가 땅속 깊이 들어가 우물을 감싸면서 구기자의 좋은 성분이 물에 녹아들게 되는데, 그 물을 새벽 일찍 마시면 장수한다는 옛말에 따른 것이다.

고집스런 면모는 일제하 창씨개명을 거부한 대목에서 잘 드러난다. 일제 관리들이 그토록 종용해도 꿈쩍도 하지 않았다고 한다. 일제말 전쟁에 필요하다며 집에 있는 놋그릇 등을 모조리 거두어 갈 때도 끝까지 거부, 숟가락 하나 내주지 않았다고 한다.

해방 후 좌우대립이 극심한 와중에도 완고한 성격은 변함이 없었다. 지리산 자락이라 공산주의 빨치산들이 자주 출몰했는데, 성철스님의 집은 지주 집안이라 당연히 질시와 감시의 대상이었다. 하루는 인민군 병사가 집 안에 들이닥쳐 소를 몰고가려던 참이었다. 성철스님의 부친이 이를 보고 호통을 쳤다.

"니는 소 도적질하는 놈이가, 백성 위한다는 인민군이가."

전해오는 말투나 행동이 영락없는 성철스님이다. 그 인민군이 가만 있을 리가 없다. 부친에게 총부리를 겨누었는데, 다행히 동네 사람 누군가가 재빠르게 끼어들어 노인을 업고 도망쳤다고 한다.

이런 완고한 유학자인 아버지가 장남의 출가를 보는 심정이 어떠했겠는가. 특히 산청 지역은 남명南冥 조식 선생의 유풍이 대대로 이어져 내려온 곳으로 매우 보수적인 유교 전통을 자랑하는 곳이다. 또 당시만 해도 조선조의 오랜 전통과 정책에 따라 스님이 천민 취급을 받던 시절이었다. 그러니 성철스님의 출가는 온 집안, 아니 온 마을을 발칵 뒤집어 놓은 대사건이었다고 한다.

동료 유학자들이 아들이 중이 된 가문과는 친교를 가질 수 없다며 외면할 정도였다고 하니 완고하고 자존심 강한 부친의 낙담은 이루 다 말할 수 없었을 것이다. 부친은 분하고 답답한 마음에서 어느 날 하인들에게 집 앞 경호강을 가로지르는 그물을 치라고 지시했다.

"내 아들이 석가모니의 제자가 됐응께, 나는 석가모니한테 복수하는 수밖에 없다 아이가."

부친은 살생을 금지했던 석가모니에게 복수한다는 차원에서 대규모 살생을 계획한 것이다. 하인들이 잡아오는 고기를 큰 통에 담아 놓고 한동안 매운탕만 끓여 거의 매 끼니를 먹다시피 했다.

이때 밤마다 몰래 물고기를 물동이에 담아 강물에 풀어 준 사람은 어머니 강상봉이었다. 아버지 이상의 슬픔을 감추고, 아버지의 성격에 맞춰 살아가야 했던 어머니의 마음은 더 찢어지는 듯했다고 한다.

성철스님의
어머니

언젠가 성철스님에게 물었다.

"출가할 때 집에서 반대하지 않았습니꺼?"

"반대 마이 했지, 와 안 하겠노. 내가 명색이 유림 집안의 장남인데, 반대 안 할 택이 있나."

성철스님이 그런 반대에도 불구하고 출가할 수 있었던 것은 거짓말 사주四柱 덕분이었다.

"반대한다고 출가 안 할 수는 없는 거 아이가. 그래서 내가 거짓말을 했지. 중 안 되면 죽을 팔자라고. 출가 안 시키고 집에 잡아놓으면 곧 죽는다는데야 더 뭐라 하겠노. 부모들 마음이야 그게 제일 약한 데 아이가. 나중에는 죽지만 말라고 하대."

사주팔자를 철석같이 믿었던 어머니는 아들의 말을 믿지 못해 따로 사주를 봤다. 당연히 아들의 말과 달랐다. 어머니는 아들을 다그쳤다.

"내가 용한 데 가서 사주 물어본께, 니는 죽을 사주가 아이라 큰 사람 될 거라 하대."

그러나 장성한 아들한테 이기는 어머니가 있겠는가.

"그 관상쟁이 참 엉터리요. 내가 지리산에 사주 잘 보는 도인한테 물어봤다 아이요. 그 사람이 집을 떠나지 않으면 요절한다고 확실하게 말했는데, 그 사람 믿어야지 내가 와 어무이가 본 엉터리 사주를 믿을 끼요."

성철스님이 그렇게 거짓말로 속인 어머니는 참 총명하고 지혜로운 성품으로 소문난 분이었다고 한다. 어머니를 본 적이 있는 사람들은 성철스님의 총명함이 어머니로부터 물려받았을 것이란 말을 많이 했다. 어머니는 성철스님을 잉태하기 전부터 큰 사람을 낳겠다며 치성을 많이 드렸다고 한다.

그렇게 귀한 아들을 출가시켰으니 어머니는 수시로 옷가지와 음식을 준비해 아들을 찾아 나섰다. 하지만 성철스님은 결코 어머니를 반갑게 맞아주지 않았다. 처음에는 산으로 도망치다가 나중에는 아예 어머니가 절 근처에 오지도 못하게 돌맹이를 던져 대기도 했다. 그러면 어머니는 옷과 음식이 든 보따리만 두고는 발길을 돌렸다. 그리고 며칠 후엔 꼭 다시 찾아와 성철스님이 보따리를 가져갔는지를 확인했다.

성철스님이 출가하고 4년쯤 지나 금강산 마하연 선원에 들어가 하안거를 날 때의 일이다. 어머니가 물어 물어 그곳까지 찾아왔는데, 성철스님은 밖을 내다보지도 않고 참선만 하고 있었던 것이다. 선방 스님들은 술렁였다. 천리길을 달려온 어머니가 돌아갈 생각을 않고 있으니 다른 스님들이 도저히 그냥 지나칠 수가 없었던 것이다. 그래서 대중공사(선방 전체회의)가 열렸다.

"아무리 생사를 걸고 정진하는 수도승이지만 어머니가 진주 남쪽 끝에서 이곳까지 찾아왔으니 마냥 외면하는 것은 도리가 아니다. 어머니를 맞이하든지 아니면 선방에서 떠나야 한다."

선방의 대중공사 결론은 무조건 따라야 한다. 성철스님은 어쩔 수 없이 참선 수행을 중단하고 어머니를 맞이했다. 물론 곱게 맞을 큰스님이 아니다.

"내가 원체 무섭게 하니까 딴 사람은 아무도 안 오는데, 우리 어무이는 그래도 찾아오는 기라. 금강산 마하연에 찾아왔을 때는 대중공사 때문에 할 수 없이 만났는데, 보자마자 내가 막 해댔지. 뭐 하러 이까지 찾아오느냐고. 그러니까 어무이가 '나는 니 보러 온 거 아이다. 금강산 구경하러 왔다'고 말하대. 그러니까 뭐 더 할 말이 있겠노."

성철스님은 그 바람에 어머니를 모시고 금강산 유람에 나섰다. 금강산에서 수행하면서도 한 번도 돌아보지 않았던 비경을 어머니 덕분에 돌아본 셈이다.

성철스님의 어머니를 잘 아는 비구니 성원스님(현 해인사 국일암 감원)은 금강산을 유람한 뒤 어머니가 한 말을 정확히 기억하고 있다.

"보고 싶던 아들 손 잡고 금강산 구경 잘했제. 험한 길에 가면 아들한테 업히기도 하고, 매달리기도 하고, 그래그래 금강산을 돌아다니는데 이게 꿈인가, 생시인가 싶은 마음에 분간이 안 되는 기라. 금강산 구경 잘하고 헤어졌제. 금강산 돌아다닐 때는 거기가 극락인 줄 알았는데 돌아올라카니 앞이 캄캄해. 산에서 내려와 기차를 타고 진주로 돌아오는데, 아이구 며느리 생각만 하면 아무리 생각해도 해줄 말이 없어 가슴이 답답한 기라……."

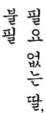

필요 없는 딸, 불필

성철스님은 출가하고 얼마 지나 세속에 떨치고 온 부인이 딸을 낳았다는 얘기를 풍문으로 전해 들었다고 한다. 그 따님이 바로 불필不必스님이다. '필요 없는 딸'이란 법명이다.

불필스님은 1937년 5월 아버지 이영주(성철스님의 속명)와 어머니 이덕명 사이에서 태어났다. 출가한 아버지 대신 할아버지가 지어 준 이름은 수경이었다.

지금은 그런 모습이 사라졌지만, 당시 고향 묵곡 마을은 아름다운 경호강이 끼고 돌아 마치 강물에 둘러싸인 조용한 섬 같았다고 한다. 남의 땅을 밟지 않고 살 수 있을 만큼 넉넉한 집안이었기에 일제 치하에도 불구하고 수경의 유년 시절은 남부럽지 않았다고 한다.

초등학교 6학년 때 아버지를 처음 뵙기 전까지 수경에게 아버지란 그저 상상 속의 인물이었다. 불필스님은 이렇게 기억했다.

"아버지가 스님이란 사실은 어려서 누군가로부터 들어 알고 있었지만 한 번도 보지 못했기 때문에, 그저 동화 속에서 나오는 사람 정도로만 생각했지요."

문제는 당시 낮았던 스님들의 사회적 위상이었다. 불필스님은 보지도 못한 아버지인데, 스님이라는 게 싫었다고 한다. 어린 나이에도 불구하고 스님의 딸이란 소리가 듣기 싫었고, 그러다 보니 자연스럽게 아버지를 원망하는 마음과 함께 '아버지는 세상을 등지고 가족도 버린 채 산속에서 무얼 하는 것인가' 하는 고민을 하기 시작했다.

어쨌든 어린 소녀는 아버지가 스님이란 사실을 감추고자 했으며, 속으로 감추면 감출수록 아버지와 불교에 대한 궁금증은 새록새록 피어났다. 조숙하고 총명했던 수경은 그렇게 아무도 모를 고민이 많았다.

수경은 초등학교 4학년 때 할아버지에게 '사람은 나면 서울로 가고 말은 나면 제주도로 보낸다'는 옛말을 인용해 가며 서울 유학을 졸라 서울 혜화초등학교에 다니고 있었다. 당시 집안 살림이 넉넉했던 가문에서는 흔히 자식들을 서울로 유학 보내곤 했는데, 수경의 집안에서도 이미 삼촌이 서울에서 학교를 다니고 있었다. 서울 학교의 수업은 시골 학교와 놀랄 정도로 차이가 컸다. 어린 나이로 서울 생활 적응에 어려움이 적지 않았지만 아버지가 스님이란 사실을 아무도 몰랐기에 큰 짐을 벗은 것처럼 마음이 홀가분해 날아갈 것 같았다고 한다.

처음 아버지를 만나게 해준 사람은 묘엄스님(현 수원 봉녕사 승가대학장)이었다. 묘엄스님은 성철스님과 절친한 청담스님의 딸이다. 어느 날 묘엄스님이 다른 비구니 스님과 함께 수경을 찾아왔다.

"큰스님께서 경남 월래 묘관음사에 계시니 한번 찾아뵙도록 하자."

전혀 예상치 못했던 일에 얼떨떨해 있는데, 서울에 같이 유학 와 있던 삼촌이 담임선생님께 말씀드리고 한번 가보자며 나섰다. '평생 불러 보지도 못하고, 보지도 못한 아버지가 대체 어떤 모습일까' 하는 호기심 반, 자식을 팽개친 아버지에 대한 미움 반에 얼굴이라도 보자는 마음으로 삼촌을 따라나섰다.

삼촌을 따라가면서 어린 마음에도 '그렇게 미워한 아버지인데, 그래도 찾아 나서고 싶은 마음이 생기니 이것도 천륜인가' 하는 생각이 들었다고 한다. 기차를 타고 묘관음사에 도착하니 해질 무렵이었다. 산기슭을 따라 올라가니 누군지 모르는 무섭게 생긴 스님 한 분이 보였다. 나중에 알고 보니 그 스님이 바로 성철스님과 절친한 도반인 향곡스님이었다. 향곡스님이 말했다.

"철수좌(성철스님)가 오늘 이상한 손님이 온다면서 온데간데없이 사라져 버렸다."

수경은 몹시 기분이 나빴다. 친혈육인 자신을 그렇게 내팽개쳐 놓은 아버지, 그래서 원망스러웠던 아버지가 애써 찾아온 딸을 피해 사라지다니……. 향곡스님이 뒤늦게 사실을 알고는 성철스님을 찾아 나섰다. 조금 기다리자 향곡스님이 다 떨어진 누더기에 부리부리하게 광채나는 큰 눈만 보이는 스님과 함께 나타났다. '저분이 내 아버지인가' 하는 순간 눈 큰 스님이 소리를 질렀다.

"가라, 가!"

그렇지 않아도 화가 나 있던 수경은 그 순간 "삼촌, 돌아가요"라며 돌아섰다. 그때 무서운 얼굴의 향곡스님이 부드러운 미소로 붙잡았다. 그러곤 자그마한 방으로 데려가선 과자며 과일이며 먹을 것을 내놓았다.

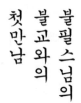

불필스님의
불교와의
첫만남

불필스님은 아버지 얼굴을 처음 본 그날, 가라고 호통치는 아버지 대신 자신을 '내 딸'이라며 자상하게 달래주었던 향곡스님의 모습이 뇌리에서 사라지지 않는다고 했다. 돌이켜 보면 그날은 불교와의 첫 만남이기도 했다.

먹을 것을 내주며 얘기를 시키던 향곡스님이 수경에게 물었다.

"니는 앞으로 크면 뭐가 되고 싶노?"

향곡스님도 경상도 사투리를 썼다. 수경은 어릴 적부터 미국의 발명왕 에디슨을 좋아했다.

"발명가가 되고 싶습니더."

그렇게 시작된 문답인데, 어떻게 얘기하다 보니 발명가 중에서도 사람을 연구하는 발명가, 사람은 어디서 와서 죽으면 어디로 가는가를 연구해 보고 싶다는 식으로 얘기가 흘러갔다. 그러자 향곡스님이 크게 웃으며 말했다.

"앞으로 철수좌보다 더 큰 사람이 되겠는데."

향곡스님은 성철스님을 '철수좌'라고 불렀다. 성철스님과 가까운 노스님들은 흔히 그렇게 불렀다. 여기서 '수좌'란 선승이란 말이고, 앞의 수식어인 '철'이란 성철스님의 법명 중 뒷글자를 따서 부른 것이다. 향곡스님이 어찌나 다정스레 대해 주는지 늦게까지 얘기를 나눴다. 끝내 눈 큰 스님, 아버지 성철스님은 나타나지 않았다.

"묘관음사에서 하룻밤을 보내고 다음 날 아침 절 아래를 내려다보니 끝없는 바다가 펼쳐져 있더구만요. 그때 바다를 처음 봤지요. 마음이 시원해지는 느낌이었어요. 아버지에 대한 미움이나 절집의 낯섬도 모두 바닷속에 묻힌 듯……."

그렇게 아버지와의 첫 만남, 절집에서의 첫 밤은 짧고 가벼운 기억으로 끝났다. 향곡스님이 손에 쥐어 준 차비로 좋은 필통을 사 오래도록 사용했던 일이 기억에 남는다고 한다.

다음 해 6·25가 터졌다. 서울이 갑자기 어수선해졌다. 포소리, 총소리에 숨을 죽이고 지하실에서 이불을 덮고 하룻밤을 지내고 나니 탱크와 인민군이 열을 지어 서울로 들어왔다. 한 달을 머물다가 더 이상 서울에 있을 수 없겠다 싶어 수경은 고향집으로 내려갈 준비를 하고 피난민 행렬에 가세했다.

300여 명의 일행이 한 무리를 이뤄 남쪽으로 걸어갔다. 비행기가 보이면 콩밭이나 숲속에 엎드려 숨었다. 멀쩡히 옆에 있던 사람이 일어나지 못하는 장면을 목격하기도 했다. 죽고 헤어지고, 산 넘고 물 건너 마침내 대구에 도착했다. 그리고 다음 날 국회의원인 친척 이병홍 씨를 찾아가 도움을 청해 간신히 마산행 열차를 탈 수 있었다.

잿더미로 변한 진주에 도착해 아는 분을 만나 묵곡 소식을 물으니 할아버지가 돌아가셨다고 했다. 눈물을 삼켜 가며 고향집에 도착하니 할아버지는 살아계셨다. 소를 끌고가는 인민군을 혼내다 이를 말리는 동네 사람에게 업혀 나갔던 것이 잘못 소문난 것이다.

법전스님과 함께 백련암에서.
법전스님은 현재 해인총림 방장이자 조계종 원로회의 의장이시다.

할아버지는 살아온 손녀를 다시는 서울로 보내지 않겠다고 하셨다. 그래서 수경은 진주사범 병설 중학교에 다니게 됐고, 졸업 후엔 진주사범학교에 입학했다.

중학교 시절이었다. 친구의 권유로 교회에 나가기 시작했다. 스님이 된 아버지에 대한 반발심이 적지 않게 작용한 결과였다고 한다. 할머니는 성철스님을 생각해서인지, 겉으로는 잘 생각해 보라는 말씀만 하셨지만 속으로는 걱정이 태산이셨다.

한편 성철스님은 묘관음사에 있다가 전쟁이 나자 남쪽으로 내려와 경남 고성 문수암에 잠시 머물렀다. 그러다 전쟁이 소강 상태에 들어갈 즈음 통영 안정사 옆 골짜기에 초가집을 짓고 '천제굴闡提窟'이라 이름 붙이고 들어 앉았다.

묵곡 근처에서 생활한 적이 있어 성철스님의 어머니와 가까웠던 비구니 성원스님이 그 소식을 듣고 성철스님의 어머니를 모시고 천제굴로 갔다. 큰스님은 어머니를 보자마자 "와 우리 어무이를 이리 데려왔노?"라며 성원스님을 꾸짖기 시작했다. 어찌나 엄하게 꾸짖는지 성원스님이 그 자리에 주저앉아 펑펑 울었다고 한다.

그리고 얼마 지난 후 수경이 학교를 마치고 집에 와보니 어떤 스님이 기다리고 있었다. 지금의 해인사 방장이신 법전스님이다.

"큰스님이 한번 오라고 하신다."

생각지도 않던 아버지 성철스님의 호출이었다.

석가모니가 내 원수다

고등학생 수경이 할머니와 함께 진주에서 고성으로 가는 산등성이를 넘어 천제굴로 아버지 성철스님을 찾아갔다. 할머니가 길을 잘못 드는 바람에 도중에 날이 저물어 산에서 하룻밤을 지내게 됐다. 억지로 따라온 수경은 잠자리가 불편한데다 화까지 나 잠을 설쳤다. 다음 날 일어나 보니 바로 옆에 암자가 있었다.

두 번째로 아버지를 만났다. 할머니는 성철스님에게 준다고 음식을 잔뜩 만들어 머리에 이고 산길을 올라왔다. 하지만 그 어려움과 정성을 성철스님은 전혀 알아주지 않았다.

"그 음식 해온 거 전부 산 아랫동네 못사는 사람들 주고 와."

수경은 음식 보따리를 들고 산을 내려가 생면부지인 사람들에게 나눠 줬다. 잔뜩 골이 나 다시 암자로 올라왔는데, 할머니가 스님께 인사드리라며 재촉한다. 불만이 가득한 표정으로 성철스님을 바라봤다. 큰스님이 한마디 했다.

"니 참 못됐네."

수경은 마음속으로 '사람 마음을 참 잘 아는구나'라고 생각했다. 하지만 얼굴에 묻어나는 불만을 결코 떨치지는 않았다. 그런 딸을 향해 성철스님 특유의 문답이 시작됐다.

"그래, 니는 뭐를 위해 사노?"

불만은 불만이고, 아버지의 물음은 물음이니 생각을 가다듬어가며 대답했다.

"행복을 위해서 살려고 합니더."

성철스님이 다시 물었다.

"행복에는 영원한 행복과 일시적인 행복이 있거든. 니는 어떤 행복을 위해 살 거고?"

이 말을 듣는 순간 수경은 속으로 일시적인 행복이 아닌 영원한 행복을 위해 살겠다는 결심을 했다. 그러자 묘하게도 그때까지 큰스님을 미워했던 생각들이 봄눈 녹듯 사라졌다고 한다. 그런 마음의 변화를 느끼며 성철스님에게 물었다.

"어떤 것이 영원한 행복이며, 어떤 것이 일시적인 행복입니꺼?"

"부처님처럼 도를 깨친 사람은 영원한 행복을 누리는 대자유인이고, 안 그라고 이 세상에서 오욕락五欲樂을 누리고 사는 것은 일시적인 행복이니라."

수경은 벌써 아버지 성철스님의 말씀에 빠져 있었다.

"도를 깨치는 공부는 어떻게 하면 됩니꺼?"

"화두를 들고 참선을 하면 되는 거라."

수경은 그 자리에서 큰스님으로부터 삼서근 화두를 받았다. 큰스님의 선문답은 몇 가지가 더 이어졌다. 수경은 생각나는 대로 대답했다. 그제야 성철스님이 웃는다.

"니가 10년 공부한 사람보다 더 낫다."

수경이 내친김에 이제부터 학교에 가지 않고 화두 들고 참선만 하겠다고 했다. 하지만 성철스님의 반응은 의외였다.

"아무리 작은 일이라도 끝을 제대로 맺지 못하면 큰 일에 성공을 못 하는 거라."

학업을 일단 마치라는 성철스님의 가르침에 다시 학교로 돌아왔다. 그렇지만 이미 마음은 아버지의 가르침에 빼앗긴 수경이다. 음악이나 체육 시간에는 제일 뒷자리에 앉아 혼자 참선에 빠지곤 했다.

달라진 수경을 가장 유심히 본 사람은 성철스님의 아버지였다. 그가 몇 번 수경이를 불러 이것저것 물어보더니 하루는 마음을 정리한 듯 나들이 계획을 발표했다.

"지가 올 리는 없을 거고, 내가 가서 봐야제!"

이미 철수좌로 도명道名이 높은 아들을 찾아 먼길을 떠나겠다는 것이다. 할아버지는 길눈이 밝은 하인을 앞세우고 천제굴로 향했다. 20여 년 만에 아들을 만난 아버지의 첫마디는 "석가모니가 내 원수다"였다고 한다. 불교에 아들을 뺏기고 동네 유림으로부터 배척당해 온 세월에 대한 회한이 농축된 한마디였다. 그런 마음을 모르는 성철스님이 아니다. 그날 성철스님은 거듭 위로의 말씀을 드릴 수밖에 없었다고 한다. 성철스님은 짧은 만남을 마감하고 돌아서는 아버지 앞에 머리를 조아렸다.

"아부지를 뵈옵고 옛날과 다름없이 건강하신 모습을 보니 안심이 됩니더. 앞으로 오래오래 건강히 사실 것입니더."

성철스님의 위로와 인사를 받고 산청 집으로 돌아온 성철스님의 아버지는 조용히 낫을 찾아 들곤 경호강으로 나갔다. 그리고 그동안 석가모니에게 복수하기 위해 물고기 대량 살상용으로 쳐놓았던 그물을 손수 찢어 거두었다.

그 아버지에 그 딸

아버지 성철스님으로부터 화두를 받은 딸 수경이 이후 어떻게 불교에 빠져 들었는가를 듣다 보면 그 아버지에 그 딸이란 생각이 절로 난다. 당시 경남 일대 영재들만 입학하던 진주사범에 입학한 수경은 틈만 나면 삼서근 화두를 들었다. 교생 실습을 위해 진주 인근 초등학교로 출근해야 하는데, 학교로 가는 대신 월명암으로 들어갔다. 그곳에서 부산사범을 졸업하고 수행차 머물고 있던 이옥자(백졸스님. 부산 옥천사 주지)를 만났다.

성철스님의 출가 이후 20년 만에 다시 집안이 시끄러워졌다. 재원이란 소리를 들어가며 교사의 길을 잘 걸어가던 처녀가 교사 발령을 받고서도 "부임하지 않겠다. 참선 공부하러 절에 가겠다"고 하니 집안 어른들의 야단이 이만저만이 아니었다. 아버지 성철스님이 그랬듯이 딸 수경도 고집을 꺾지 않았다.

가족회의가 열렸다. 어른들의 설득에 수경이 조건을 내세웠다.

"내 소원을 들어 줄 수 있으면 절에 안 가겠심더."

모두들 긴장하며 수경을 쳐다봤다.

"오늘 죽을지 내일 죽을지 모르는 내 죽음을 대신해 줄 사람이 있으면 절에 가지 않겠심더."

어른들이 모두 침묵했다. 출가하지 않으면 죽을 팔자라며 출가했던 아버지 성철스님의 단호한 모습이 떠오르지 않을 수 없었을 것이다. 수경이 용기를 내 결론을 내렸다.

"부처님은 6년 만에 대도를 깨쳤다 하지만, 나는 더 열심히 해서 3년 만에 공부를 마치고 도를 깨치고 오겠심더."

이제 여든을 바라보며 한평생 꼿꼿하고 도도하게 살아온 할아버지가 눈물까지 흘리며 한탄했다.

"우리 집안 다 망한데이."

이 무렵, 집안의 이런 사정을 알 리 없는 성철스님은 경남 통영 안정사 옆 천제굴에서의 생활을 끝내고 대구 팔공산 파계사의 산내 암자인 성전암으로 거처를 옮겼다. 출가를 결심한 수경은 가족들에게 하직 인사를 하고 수소문 끝에 성전암으로 성철스님을 찾아갔다.

"영원한 행복을 얻기 위해 참선 공부를 하러 가려고 집을 나왔심더."

딸의 출가 결심을 듣던 성철스님이 고개를 끄덕이다가 한마디 덧붙였다.

"급할수록 둘러가야 한데이."

성철스님에게는 딸의 뜨거운 구도열이 급하게 보였던 듯하다. 그러나 구도의 결심을 굳힌 수경은 아버지의 자상한 조언이 무엇을 의미하는지조차 알지 못했다.

수경은 친구 옥자와 함께 성철스님의 지시에 따라 해인사 청량사에서 하안거를 처음 맞았다. 전쟁과 불교계 내 정화 운동(비구, 대처 스님간의 정통성 다툼. 불교계의 자정 운동) 직후라 사찰은 낡아 볼품이 없었다.

수경과 옥자는 삭발을 하지 않고 단발머리 행자로 열심히 정진했다고 한다. 굳이 묵언을 다짐하지는 않았지만 정진에 전념하느라 자연히 묵언의 생활을 했다. '두 번 눕지 말자'고도 다짐했다. 잠깐 누웠다가 눈을 뜨면 더 이상 자지 않는다는 약속이다. 밤이면 대웅전 앞마당을 거닐기도 하고, 거닐다가 다리가 아프면 기둥 모퉁이에 기대 잠깐 쉬기도 했다.

불필스님은 지금도 그 시절의 초발심을 뚜렷하게 기억하고 있다.

"그 시절 상식적으로는 거의 불가능할 정도로 엄격한 생활을 했지요. 처음엔 금방 쓰러질 것 같았지만 어느 정도 시간이 지나니까 거짓말처럼 온몸이 가뿐해지더군요. 내가 하고 싶어하는 일을 하면 절대로 피로나 괴로움이 없다는 것을 깨달았지요."

그러나 어떤 일이든 쉽기만 한 것은 없다. 하물며 깨달음의 길이야 오죽 하랴. 해제解制(안거를 마치는 것) 무렵이 되자 마음이 급해졌다. 급기야 상기병에 걸려 버렸다. 두통에 시달리다가 해제를 하자마자 성전암으로 성철스님을 찾아갔다.

"그래서 내가 급할수록 둘러가라 안 그랬나."

성철스님은 상기 내리는 방법을 가르쳐 주었다. 좌복에 앉아 기운을 발바닥 가운데로 끌어내리는 수행을 반복하는 식이다. 그대로 열심히 따라하다 보니 열이 내리기 시작하고 두통이 조금씩 나아졌다고 한다. 나아질 즈음 성철스님이 다음 수행처를 정해 줬다.

"태백산 홍제사에 인홍스님(전 석남사 주지)을 찾아가거라."

일주일
용맹정진

성철스님의 가르침을 받은 수경은 태백산으로 향했다. 홍제사 인홍스님이 반갑게 맞아주었다.

"초가을이었지요. 따가운 햇살이 남아 있었지만 워낙 깊은 산길이라 크게 더운 줄 모르고 쉬다 걷다 했는데, 저녁볕이 서산에 걸릴 즈음 홍제사에 도착했습니다. 멀리서 몇몇 스님들이 걸망에 산초를 가득 담고 절로 돌아오는 모습이 어쩜 그렇게 편안해 보이던지……."

수행에 대한 열정이 높은 수경에게 태백산은 안성맞춤이었다. 산정상에 오르니 칡넝쿨이 저절로 엉켜 있고, 냇물을 거슬러 올라가 보니 도솔암도 보였다.

당시 도솔암엔 일타스님이 머리를 기른 채 정진하고 있었다. 일타스님은 가끔 홍제사에 내려와 설법을 해주기도 했다. 마침내 동안거 冬安居(겨울철 외부 출입을 하지 않고 수행에 전념하는 것)가 시작됐다.

홍제사는 인법당(법당이 따로 없고 요사채에 방 한 칸 정도를 법당으로 쓰는 집)에 집 한 채뿐인 작은 절이었다. 그렇지만 수경은 자신만의 방을 하나 갖고 싶었다. 마침 창고로 사용하는 빈 방이 있어 그곳에 들어가 죽기를 각오하고 수행코자 했다.

인홍스님이 허락해 주었다. 수경은 깨달음에 대한 갈망에서 '일주일 용맹정진'에 들어갔다. 7일 간 먹지도, 자지도 않고 수행만 하는 방식이다. 흔히 잠을 자지 않는 정진도 용맹정진이라고 하는데, 단식까지 한꺼번에 하는 용맹정진이란 사실상 목숨을 건 도전이나 마찬가지다.

"그렇게 단단히 마음먹고 시작했는데, 이틀 만에 끝났죠. 그 일을 생각하면 지금도 너무 안타깝지요. 그때 정말 일주일 내내 정진했다면 큰 깨달음을 얻었을 텐데……."

이틀 만에 정진을 그만둔 것은 용맹정진의 경험이 있던 한 스님이 "저렇게 하다간 큰 병 얻는다""평생 수행 못하게 된다"며 주변을 설득해 말렸기 때문이다. 또한 창고 같은 방이라 스님들이 뭘 가져 가려고 들락거리기도 했다.

수경은 할 수 없이 다른 스님들과 함께 큰 방에서 정진했다. 주지 인홍스님을 비롯해 성우, 묘경, 혜춘, 인성, 무렴, 현각스님 등 다른 비구니 스님들의 정진도 대단했다. 겨울만 되면 눈으로 외부와 단절된 깊은 산속에서 스님들은 마주보며 장좌를 했다.

"딱!"

경책警策소리다. 졸음으로 자세가 흐트러지는 스님이 생기면 맞은편에 앉은 스님이 큰 죽비로 어깻죽지를 내려치는 것이다. 맞는 사람만 아니라, 온 방의 스님들이 모두 그 소리에 정신을 챙긴다.

"정말 견디기 힘들 정도로 졸음이 쏟아지면 밖으로 나와 눈 속에서 행선을 했지요. 달빛 아래 쌓인 흰 눈에 무릎까지 쑥쑥 빠지는데, 추운 줄도 모르고 거닐다가 배가 고프면 시금치나 생감자를 먹곤 했지요."

해인사 초대 주지로 임명되셨으나 거절하시고
파계사 성전암에서 두문불출하실 즈음(1955년경).

당시 어렵고 힘들 때마다 수경이 머릿속에 떠올린 것은 옛 스님의 가르침이다.

'추위에 떨며 배고플 때나 망상이 있을 때, 오로지 정진해야 한다는 생각으로 하루해가 저물면 또 하루를 헛되이 보내지 않았는가 하고 한탄하면서 송곳으로 허벅지를 찌르며 정진하셨다 하지 않았는가!'

그렇게 겨울 한 철을 보내고 봄 햇살에 눈이 녹아 길이 드러나면 스님들은 하안거 할 곳을 찾아 만행 萬行(하안거와 동안거 사이에 전국을 떠돌아 다니며 수행하는 것)을 떠난다. 수경은 옥자와 함께 경북 문경 사불산에 있는 윤필암으로 갔다. 윤필암은 수행처로 유명한 암자다.

"사불산은 바위산이에요. 그런 바위산이 병풍처럼 사방을 둘러싸고 있으니 도량에 들어서면 마음속 번거로움이 다 사라지는 듯하지요. 모든 부처님과 보살님들이 보살피는 정진도량이 아닌가 싶을 정도지요."

윤필암에서 조금만 산을 오르다 보면 묘적암이 나타난다. 고려말 나옹스님이 정진했던 곳이다. 나옹스님이 앉아 정진했던 곳으로 알려진 묘적암 인근 안장바위와 말바위는 천길 낭떠러지 골짜기에 걸려 있는 바위들로, 졸기라도 하면 목숨이 위험한 곳이다. 수경은 나옹스님처럼 정진한다는 일념으로 곧잘 바위에 오르곤 했다.

하안거가 끝나자마자 수경은 대구 성전암으로 갈 길을 서둘렀다. 아버지 성철스님은 성전암 주위에 철조망을 둘러 외부와의 접촉을 끊은 채 몇 년 간 정진 중이었다. 그런 성철스님을 뵐 수 있는 날이 안거(외부 출입을 않고 수행만 하는 기간) 끝낸 다음 날이다. 그때만은 문을 열어 손님을 맞았기에 수경 역시 그날에 맞춰 성전암으로 가야 했다.

대신심의 매질
_{大信心}

수경은 친구 옥자와 함께 대구에서 성전암까지 50리 길을 걸어 성철스님을 찾아갔다. 무사히 안거를 마쳤음을 보고하는 자리였다.

"열심히 하려고 하는데, 공부가 마음처럼 잘 되질 않습니다. 왜 그렇습니까?"

성철스님이 형형한 눈을 부라리며 호통쳤다.

"건방지게! 니 언제 공부해 봤다고 공부가 되니 안 되니 소리를 하노?"

수행 정진, 즉 참선 공부란 정말 꿈에서까지 화두가 선명하게 떠오를 정도가 되더라도 제대로 공부한다고 하기 힘들다. 수경은 공부의 경지를 가늠치 못하게 하는 성철스님의 말씀을 들으며 말문이 턱 막혔다고 한다. 수경도 나름대로 자지 않고 화두 일념이 되도록 노력했는데, 성철스님이 말하는 경지에 이르자면 어림도 없었던 것이다.

"공부를 제대로 이루기 전에는 공부란 이름도 붙일 수 없는 거라."

당시 성철스님은 이렇게 참선 수행의 어려움을 강조하면서 자주 하던 말씀을 친필로 써 가까운 사람에게 직접 나눠 주곤 하셨다. 대체로 이런 내용이다.

'하루에 적어도 20시간 이상 화두가 한결같이 들려야만 비로소 화두 공부를 조금 한다고 할 수 있다. 이를 화두천話頭天이라고 한다. 하루 중 아무리 바쁠 때라도 화두가 끊어지지 않고, 꿈속에서도 밝고 밝아 항시 한결같아도, 잠이 아주 깊이 들어 문득 막연하면 다생겁으로 내려오는 생사고生死苦를 어떻게 하리오.〔日間浩浩常作主　夢中明明恒如一　正睡著兮便漠然　塵劫生死苦奈何〕.'

화두를 들고 수행해 본 사람이라면 이 같은 성철스님의 글을 보면서 스스로의 수행이 어느 정도에 이르렀는지 점검할 수 있을 것이다.

수경과 옥자는 당시 《증도가》〈십현시十玄詩〉, 나옹스님의 〈토굴가〉 같은 문장들을 전부 외웠다. 그런 도인들의 글을 외면 그들의 호호탕탕한 기상과 풍채가 느껴져 정말 신심이 났다고 한다.

나름대로 열심히 공부했다고 생각했지만, 성철스님 앞에만 서면 항상 긴장되게 마련이다. 조금만 대답을 잘못해도 언제 어떻게 벼락이 떨어지고 쫓겨날지 모르기 때문이다. 호랑이 눈같이 불을 뿜는 듯한 큰스님의 눈빛을 보면 화두 공부 이외 다른 아무 말도 붙일 수 없었다.

그래서 하안거나 동안거를 마치고 보고를 하기 위해 성전암에 들를 때마다 쫓겨나기 일쑤였다. 옥자와 수경 중 하나가 대답을 잘못해도 같이 쫓겨나야 했다.

언젠가 비오는 날이었는데, 성철스님이 불호령을 내리면서 갑자기 들고 있던 우산으로 내려치는 바람에 꼼짝없이 온몸에 멍이 들게 맞은 적도 있었다. 수경은 눈치 빠르게 도망가는데 옥자는 행동이 느린 탓에 자주 맞았다. 비오던 날은 수경이 옥자에게 미안해 함께 서 있다가 사정없이 맞고 같이 쫓겨났다.

여름엔 덜하지만 겨울철엔 쫓겨나면 정말 막막했다고 한다. 동안 거를 마치고 보고차 왔던 날이었다. 무엇을 잘못했는지도 모르는데 성철스님의 불호령이 떨어졌다.

"인자 이것들 절에 놔둬 봤자 아무 소용없데이. 속가 집으로 내쫓아 버리야제."

수경과 옥자는 영문도 모른 채 겁에 질려 도망쳤다가 다음 날 새벽 예불 시간에 암자를 빠져 나왔다. 전날 하루 종일 밥도 못 먹고 성전 암까지 걸어왔는데 오자마자 집으로 쫓아 보낸다고 하시는 것이었다. 어찌나 배가 고픈지 부엌에 들어가 솔잎 속에 묻어 놓은 당근을 몇 뿌리 꺼내 눈에 몇 번 닦아 먹고서는 힘을 내 새벽에 줄행랑을 친 것이다. 날이 밝아 집에 보내려고 행자(천제스님)가 수경 일행을 찾으니 사람은 간 곳 없고, 눈 위에 뱉어 놓은 당근 껍질만 널브러져 있었다. 그 후 천제스님은 수경과 옥자를 보면 "산돼지도 큰스님 잡수시라고 먹지 않는데 행자들이 그 귀한 당근을 훔쳐먹었다"며 놀려대곤 했다.

인정이 메마른 성전암. 수경은 그런 박대를 당할 때마다 '공부를 제대로 하지 않고는 여기 다시 오지 않겠다'는 마음이 생겼다고 한다. 불필스님은 지금도 어려울 때면 그 시절을 되새긴다고 한다.

"천대받고 괄시받는 것이 대단한 기쁨이라고 나중에 생각했지요. 우리가 찾아갈 때마다 인정으로 밥을 주고 반겼다면 벼랑 끝에 선 마음으로 지혜의 칼날을 갈 수 있었겠습니까? 지금 생각해 보면 '대신심大信心으로 정진하라'고 내리던 큰스님의 자비의 매질이었던 것 같아요."

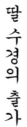

딸 수경의 출가

수경은 경북 문경 깊은 산속 윤필암으로 다시 가 참선 정진 대신 처음으로 기도를 했다.

"하안거나 동안거를 마치고 곧장 아버지 성철스님께 찾아가 그간의 공부를 보고하려고 하면 큰스님은 그저 긴 말 없이 야단만 쳐 쫓아내니, 이제는 큰스님께 의지할 것 없고 혼자 부처님께 의지해 깨칠 수밖에 없다는 생각만 간절했지요. 그래서 일주일 동안 하루에 사천 배씩 절을 했습니다."

기도법도 모르고 기도하며 익숙지 않은 절을 사천 배나 반복하니, 절하는 시간이 하루 20시간씩 걸렸다. 수경은 기도하면 인간에게 무한한 힘과 능력이 생긴다는 것을 그때 처음 느꼈다고 한다. 확실히 느껴지는 '내부의 힘'을 개발하면 영원한 대자유인이 될 수 있고, 개발하지 못하면 중생계의 고통이 끝날 날이 없다는 생각도 들었다. 당연히 다른 일체의 잡념 없이 정진에 매진했다.

그러나 무의식 속에 들어 있는 속세와의 끈은 끊어지지 않았다. 어느 날 수경의 할아버지가 꿈속에 나타났다. 그러더니 며칠 뒤 어떤 여신도가 할아버지가 돌아가셨다는 전갈을 가지고 왔다. 이야기를 들으니 9일장이라 먼저 가매장을 했는데, 꿈에 할아버지를 뵌 장소가 바로 가매장한 곳이었다. 1959년 8월 28일이다. 할아버지는 출가한 아들의 이름을 외치며 숨져 갔다고 한다.

"할아버지 소식을 가져온 분이 그러더군요. 할아버지는 돌아가시기 직전 저승사자가 눈에 보이는 듯 '나는 성철스님한테 간다. 이놈들아! 나는 성철스님한테 간다' 하고 고함을 쳤다는 겁니다."

환갑을 넘기는 노인이 드물었던 당시, 할아버지는 79세까지 장수하셨다. 그렇게 건강하던 분이었는데, 아들의 출가를 그렇게 뼈저리게 아파하시던 분이었는데 그렇게 마지막 순간에 아들의 이름을 부르며 가셨다고 생각하니, 수경은 할아버지에 대한 슬픔과 고마움과 죄스러운 마음이 불덩이처럼 가슴 깊은 곳에서부터 솟아올랐다.

"얼마 뒤 성전암에 갔는데, 성철스님은 할아버지 돌아가신 데 대해 한마디도 묻지 않으시더군요. 알고 계셨을 텐데 아무런 말씀이 없었어요. 큰스님이 가족 일이나 지난 일은 절대 묻지 않으신다는 것을 그제야 알았습니다."

'급할수록 돌아가라' 고 큰스님께서 몇 번이나 말씀하셨는데, 곧 깨달음을 얻을 수 있을 것 같은 급한 마음에 정진을 거듭하다가 또 상기병이 도졌다. 다시 큰스님께서 일러주신 대로 온몸의 기운을 발바닥으로 끌어당기는 마음으로 수행을 하니 두통이 나아졌다. 나으면 또 급한 생각이 앞서 다시 상기병이 생기는 상태가 되풀이됐다. 도저히 참선할 수 없을 정도가 됐다. 다시 성철스님께 여쭈었다.

"아무리 해도 상기병이 완전히 낫지 않습니다."

"상기병은 간단히 없어지는 병이 아이다. 할 수 없제. 쉬어가면서 천천히 할 수밖에. 장기전으로 대처해야제."

수경은 장기전이라는 말을 듣는 순간 정말 하늘이 무너지는 기분이었다. 집을 나올 때 3년 만에 공부를 마치겠다고 큰소리를 쳤고, 또 실제로 자신도 있었다. 그런데 장기전이라니. 믿기지 않는 마음에 다시 물었다.

　"그러면 앞으로 어떻게 참선 정진해 가야 합니꺼?"

　"한 길로만 가면 결국은 성불할 수 있는 거다. 병나지 않게 천천히 장기전으로 나갈라 카면 머리 깎아야 안 되겠나?!"

　성철스님이 붓과 종이를 꺼냈다. 불필不必과 백졸百拙, 수경과 친구 옥자에게 내린 법명이다. 딸에겐 '필요 없다'는 법명을, 그 친구에겐 '모자란다'는 법명을 준 것이다. 그 자리에서 두 처자는 출가를 결심했다.

　다시 성철스님의 명에 따라 많은 보살핌을 주던 인홍스님을 찾아 경남 울주군 석남사로 갔다. 그해 가을 인홍스님을 은사로, 자운스님을 계사로 사미계를 받았다. 머리를 깎고 예비 비구니가 된 것이다.

　'하루 일하지 않으면 하루 먹지 않는다〔一日不作 一日不食〕.'

　인홍스님이 강조한 철칙이다. 모든 스님들은 밭에 나가 채소를 가꾸고, 논에 나가 모를 심어야 했다. 불필스님도 이때 처음으로 흙을 만지고 해우소에서 거름을 퍼 논에 뿌려 보았다.

　'만일 출가하지 않았다면 내가 언제 이런 일을 해볼 기회를 가질 것인가?'

　그저 모든 것이 고맙고 보람된 시간들이었다.

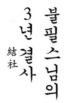

불필스님은 1961년 3월에 통도사 금강계단에서 정식 비구니계를 받았다. 통도사 금강계단은 부처님의 진신사리를 모신 단壇으로, 이곳에서 계를 받는 것은 부처님 앞에서 계율을 지킬 것을 맹세한다는 의미가 있었다.

비로소 정식으로 비구니계를 받았으니 그때부터 불필스님은 백졸스님과 함께 본격적인 운수납자雲水納子(누더기 옷을 입고 구름처럼 물처럼 떠도는 수도승)의 길로 나섰다. 경북 문경 대승사 묘적암, 경남 합천 해인사 국일암, 지리산 도솔암 등을 두루 돌아다녔다.

그리고 성철스님의 지시에 따라 1969년 은사 인홍스님이 있던 석남사로 다시 돌아왔다. 그리고 처음으로 석남사 심검당에서 3년 결사結社(3년 간 일체 외부로 나가지 않고 선방에서 수행하는 것)를 시작했다. 인홍, 장일, 성우, 혜관 같은 노스님들과 법희, 법용, 백졸, 혜주스님 등 젊은 비구니들이 함께 결사에 참여했다. 1969년 동안거 때부터 매일 새벽 삼백 배를 했다.

"서로 약속을 하고 정진을 하는데, 같이 오래 살다 보니 세대간에 조금씩 보이지 않는 갈등이 생기기도 했습니다. 뭐 심각한 것은 아니고, 예를 들면 절을 빨리 하고 느리게 하는 차이 같은 것이지요."

출가하신 따님 불필스님과 인홍스님.
묘엄스님과 함께 백련암 앞뜰에서(1972년).

삼백 배를 하는데, 노스님들이 오히려 젊은 스님들보다 빨랐다. 노스님들이 맞춰서 빨리 절하라고 몇 번 말했지만 쉽게 바뀌지 않았다. 어느 날 혜주, 법용, 불필스님이 짜고서 절을 더 느리게 하는 바람에 예불참회가 5분이나 늦게 끝났다. 어른 스님들이 가만히 두고 볼 리가 없었다. 불필스님의 은사인 인홍스님이 중간에서 제일 곤란해했다.

"어느 날 인홍스님이 우리 셋을 부르더니 옥류동으로 산책을 가자고 하는 거예요. 인홍스님이 먼저 대나무 지팡이를 짚고 나섰지요. 뭔가 어색했지만 별 생각 없이 뒤를 따르는데, 인홍스님이 갑자기 돌아서면서 지팡이로 사정없이 내려치는 거예요."

성철스님의 매질로부터 도망다니는 데 이골이 나 있던 불필스님은 재빨리 달아났다. 대신 다른 스님들은 대나무 세례를 받았다. 그렇게 사소한 일상에 갈등하면서도 깨달음을 얻겠다는 마음은 한결같았다. 3년 결사가 끝나갈 무렵, 마지막 100일 간 용맹정진에 들어갔다.

"밤에 졸리면 밖에 나가 산길을 하염없이 걸었습니다. 전등도 없던 시절이라 사방이 캄캄한데 산길을 혼자 걷다 보면 바로 옆에 큰 짐승이 지나가는 것을 본능적으로 느낄 때도 있었지요."

없는 머리칼이 쭈뼛해질 정도로 무서운 밤길이었지만 졸음보다 무섭지는 않았다. 그런 무서움이 들 때면 '내가 너를 해치지 않았는데, 네가 나를 해칠 까닭이 뭐가 있고, 또 무엇이 그리 무서울 것인가' 하는 마음으로 견뎠다.

그렇게 동물적 육감을 다스리다 보니 반대로 저쪽 짐승이 놀라 피해 가곤 했다. 성철스님은 수도승으로서의 모진 노력을 늘 강조하시던 분이다. 비록 속세의 인연은 떠났다한들 아버지 성철스님의 가르침은 늘 머릿속에서 떠나지 않았다.

"노력하고 또 노력해야 되는 기라. 노력 없이는 아무 성공도 없데이."

1972년 가을 3년 결사를 무사히 마쳤다. 결사의 리더격인 인홍스님이 고희를 맞아 주지 소임을 법희스님에게 넘기고, 본인은 다시 정처 없는 운수납자의 길을 가겠다며 칠불암으로 떠났다.

석남사에 남은 불필스님은 청조스님 등 다른 일곱 명의 스님들과 함께 심검당에서 100일 장좌불와를 시작했다. 가능한 모든 정진법에 도전하는 치열한 구도의 세월이었다.

당시 심검당에 두 그루의 보리수나무를 심었는데, 30년이 지난 지금 한 그루가 크게 자라 봄이면 꽃향기를 가득 내뿜고 여름이면 무성한 나뭇가지로 더위를 식혀 준다. 그리고 가을이 되어 맺힌 열매를 따서 실로 꿰면 아름다운 보리수 염주가 된다. 어린 나무가 크게 자란 것을 볼 때마다 불필스님은 당시 함께 정진했던 스님들이 그리워진다고 한다.

초발심初發心, 출가할 당시의 뜨거운 열정을 간직하고 정진했던 그 시절은 출가승이면 누구나 잊지 못하는 순간들이다.

부인 남산댁의 설움

　성철스님이 출가하기 전 결혼했던 부인 이덕명 여사, 남산댁은 남편에 이어 딸마저 출가하자 한동안 말을 잊었다고 한다. 결혼하고 얼마 지나지 않아 남편이 도를 찾겠다며 뱃속의 아이까지 버리고 지리산으로 들어갔고, 그렇게 어렵사리 얻은 딸은 아버지를 한번 보고 와서는 변해 버렸다. 똑똑하단 소리 들으며 공부 잘하던 딸이 학교에 가도 참선만 한다고 하고, 집에 와서도 참선하니 조용히 하라고 하니 답답하기 짝이 없었다.

　딸이 사범학교를 졸업할 무렵, 이제 한숨을 돌리나 했더니 3년 만에 득도하겠다는 엉뚱한 말만 남기고 집을 떠났다. 복받치는 설움과 외로움을 삭이지 못한 남산댁이 드디어 대구 파계사 성전암으로 성철스님을 찾아갔다.

　당시 성철스님은 성전암 주위에 철조망을 치고 아무도 허락 없이 들어오지 못하게 하며 살고 있었다. 어쩌다 큰스님을 꼭 뵙겠다거나, 아니면 도를 깨쳤으니 큰스님께 인가를 받겠다며 철조망을 뚫고 들어오는 스님이 간혹 있었지만 만나 주지 않았다.

　남산댁 역시 성전암에 도착은 했지만 철조망 때문에 들어갈 수가 없었다. 그렇다고 물러날 수는 없는 일이었다. 주변의 나뭇가지를 꺾어 철조망을 덮고 벌리며 뚫고 들어갔다.

성전암에는 성철스님 외에 시자스님 세 명이 살고 있었다. 당시 같이 살았던 천제스님은 말했다.

"인기척이 있어 밖으로 나가 보니 웬 중년 부인이 큰스님 뵙기를 청하는 거야. 가끔 있어 온 일이기에 별 생각 없이 돌려보내려고 타일렀지. '큰스님께서는 지금 아무도 만나 주시지 않으니 그냥 돌아가시소'라고 말이야. 그런데 그 여인이 아무 대답 없이 그저 큰스님을 만나야 한다는 말만 반복하는 거야. 하루 종일 같은 말로 밀고 당기고 했는데, 해질녘이 되자 그분이 어디 갔는지 사라졌어."

스님들은 당연히 돌아갔겠거니 생각하고 저녁 공양을 마쳤다.

저녁 공양이 끝나면 성철스님은 거처에서 시자실로 잠시 건너와 10분 정도 앉아 이런저런 얘기를 해주시곤 했다. 그날도 저녁 공양을 마친 큰스님이 시자실로 건너와 막 말을 시작할 무렵이었다.

"우당탕."

문이 부서지는지 열리는지 모를 큰소리가 나더니 낮의 그 여인이 들이닥쳤다. 큰스님의 고함이 터진 것도 거의 동시였다.

"빨리 저거 쫓아내라. 뭐 하노, 빨리 쫓아내."

여인은 아무 말이 없이 큰스님을 쳐다보고 있었다. 시자들은 영문도 모르고 여인을 쫓아내기 위해 팔을 잡아당겼다. 그러자 밀려나던 여인이 외쳤다.

"스님, 내가 할 말이 있어 왔습니데이."

시자들도 황당했다. 무슨 여인이 이리 황소고집이기에 하루 종일 어디 숨어 있다가 난데없이 나타났는지, 또 큰스님은 왜 그렇게 노발대발하는지 시자들도 화가 났다. 거칠게 끌어냈다.

세 행자가 여인의 손과 발을 잡고 끌다시피 하며 무려 1.5킬로미터나 되는 길을 내려와 파계사 가까이에 이르렀다. 그때서야 여인이 단념했는지 휴우하고 긴 한숨을 내쉬었다.

"행자님들, 내 다시 올라가지 않을 건게 인자 놓고 올라가소."

세 행자는 혹시나 하는 마음에 몇 번이나 뒤를 돌아보면서 성전암으로 올라갔다. 체념한 여인은 땅이 꺼지게 한숨만 몰아쉬고 있었다. 성철스님에게는 "저 밑에까지 쫓아내고 왔습니다"라고 보고했다.

"성철스님이 아무 얘기도 않더라구. 그러니 그냥 어떤 신도가 찾아왔다가 쫓겨난 줄 알았지."

여인이 성철스님의 부인임을 알게 된 것은 몇 년이 지나서다. 성철스님의 아버지가 운명했다는 소식이 성전암에 와닿았다. 성철스님은 별말 없이 천제스님에게 문상하고 오라고 지시했다.

"경호강을 나룻배로 건너 상가에 도착했지. 문상을 하고 일어서는데, 소복 입은 맏며느리가 어디선가 많이 본 듯한 얼굴이라 '본 일이 없을 텐데, 어디서 봤나' 하고 한참 생각했지. 그러다 정신이 번쩍 들더라구. 그때 저녁 무렵에 억지로 쫓아낸 그 여인이었던 거야. 얼마나 무안하고 참담했던지 쥐구멍이라도 있으면 들어가고 싶다는 말이 이런 때를 두고 하는 말이구나 싶더라니까."

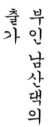

부인 남산댁의 출가

성철스님의 부인인 남산댁 이덕명 여사가 성전암으로 찾아간 것은 성철스님과 담판을 짓기 위해서였다고 한다. 부인은 훗날 이렇게 회고했다.

"도가 좋으면 혼자 가면 되지, 왜 하나밖에 없는 딸까지 데려가느냐. 딸은 내가 잘 키워 놓을 테니 딸만은 돌려 달라고 담판할라 했는데⋯⋯. 그런데 담판은 고사하고 쫓겨 내려오고 말았던 거지."

따져 보면 남산댁에겐 다른 선택의 여지가 없었다. 성철스님에 이어 딸 수경이 출가했을 뿐 아니라, 수경이 집을 떠난 다음 해인 1957년 4월 12일 시어머니 초연화超然華 보살도 세상을 떠났다. 수경의 할머니는 "다음 생에는 내 기필코 스님이 되겠다"는 서원을 세우고는 출가한 사람처럼 삭발하고 장삼을 입고 삶을 마감했다.

성철스님을 다비하던 날 많은 신도들은 열심히 염불하고 있는데 저쪽 구석에서 낯익은 듯한 보살 한 분이 한없이 울고 있는 모습이 눈에 들어왔다. 누굴까 해서 가까이 다가가 보니 뜻밖에도 스님의 막내 여동생이었다. 순간 당황하기도 하고 무안하기도 해서 이렇게 말했다.

"보살님! 다른 신도님들은 다 열심히 염불을 하는데 혼자서 이렇게 슬프게 우시면 남이 알면 민망스럽지 않겠습니까?"

그러자 막내 동생은 더 목놓아 울면서 말했다.

"스님, 스님은 내 마음 모릅니다. 나는 지금 스님 떠나심에 이렇게 체면 없이 우는 것이 아닙니다. 오늘 이렇게 많은 사람들이 모여 스님 떠나심을 애도하는 모습을 보니 생전의 어머니가 생각나서 이렇게 한 없이 눈물을 흘리는 것입니다. 스님을 잉태하셨을 때 우리 어머니는 평상의 4각 모서리 같은 데는 앉지도 않고 모난 떡은 먹지도 않았으며 아들이 태어나거든 나라에 훌륭한 인물이 되게 해달라고 빌고 또 빌었습니다. 영특하고 기민하여서 큰 인물이 되리라 생각했는데 성장해서는 덜컥 스님이 되어 출가해 버리니, 그것이 어머니의 죄인 양 아버지의 구박이 이만저만이 아니었습니다. 그런데 오늘 스님이 이렇게 가시는 모습을 어머니 당신이 보셨다면 이제 당신의 소원이 이루어졌다고 얼마나 기뻐하실까를 생각하니 자꾸만 눈물이 납니다."

스님은 뜻대로 출가하셨지만 그 가족에 드리운 그림자는 그렇게 깊었나 보다.

홀로 남은 남산댁에게 기댈 곳이라곤 피붙이 딸뿐이었다. 남산댁은 수경이가 불필이라는 불명을 가지고 이 선방, 저 선방 참선 공부하러 다닌다는 것을 풍문으로 들었다. 그러다 불필스님이 경남 언양 석남사에 머물고 있다는 소식을 듣고 찾아갔다. 딸의 얼굴을 10여 년 만에 보리라는 기대감에 부푼 발길이었다.

역시 그 아버지에 그 딸이었다. 어머니가 찾아왔다는 전갈을 받은 불필스님은 산으로 도망쳤다. 공부 다 하고 돌아가겠으니 찾아오지 말라고 전해 달라는 말만 남긴 채. 그러니 어머니의 섭섭함이야 어찌 이루 다 말할 수 있겠는가. 어머니 남산댁은 "독사보다 더 독하다"라는 한마디를 남기고 돌아갔다.

하지만 그렇게 돌아섰다고 모정이 끊어지지는 않는다. 남산댁은 그 뒤에도 두 번이나 석남사를 찾아왔다. 두 번째도 못 만나고, 세 번째 찾았을 때는 석남사 주지였던 인홍스님이 안타까운 마음에 나섰다.

"성철스님은 이제 저렇게 도명을 떨치시고, 딸은 또 이렇게 불철주야 참선 정진하고 있는데 남산댁도 이제는 마음을 바꾸어야 하지 않겠소? 세상 그렇게 힘들게 살았으니 남산댁도 이제 모든 것을 다 버리고 절에 들어와 우리와 같이 삽시다. 그러면 그렇게 보고 싶은 딸도 부처님 앞에서 볼 수 있고 말이오."

불필스님의 은사인 인홍스님의 말씀은 구절구절 남산댁의 마음에 와닿았다. 더 이상 세속에 연연할 인연도 없다. 그 말을 듣고 며칠 뒤 남산댁도 출가를 결심했다. 1967년 봄 석남사에서 출가해 일휴—休라는 법명을 받았다. 평생 한숨 속에 지새다가 마침내 출가로 쉼터를 얻었다는 법명이다.

일휴스님은 늦게 출가했지만 그만큼 남에게 지지 않으려고 열심히 정진했다. 말년에는 무릎 관절염으로 고생을 하면서도 흐트러짐 없이 수행에 매진했다. 말년엔 아무 정신이 없는 것 같은데도 손에서 염주를 놓지 않고 24시간 굴렸다. 불필스님은 당시를 이렇게 회고했다.

"출가해서도 나에 대한 애착을 버리지 못해 당신 자신보다 나를 더 생각하는 모습을 자주 보았지요. 그러면서 이 세상 모든 어머니상이 어찌 다르겠는가, 가장 어리석은 바보가 어머니구나 싶더라구요. 나는 어머니가 늦게 출가하셨지만 참다운 발심을 하여 정진하기를 바랬

기 때문에 될 수 있으면 멀리서 바라만 보았지요."

1983년 여름, 며칠째 비가 계속 내리던 가운데 불필스님은 석남사 심검당에서 사흘간 머무르며 정진하고 있었다.

"음력 6월 6일 아침 일찍 어머니 일휴스님이 급히 찾는다고 해서 내려와 보니, 일휴스님이 '오늘은 내가 갈란다(세상을 떠나겠다는 말씀)'고 말씀하셨어요. 노인의 말씀이지만 하도 되풀이 하셔서 성타, 법회, 현묵, 혜주, 범용, 백졸스님들이 다 모여 두 시간이나 즐겁게 이야기하며 함께 있었지요."

마침 그날이 중복날이었다. 중복날이면 대중스님들은 옥류동 계곡에서 물맞이(목욕)를 하고, 찰떡국이나 감자떡을 먹으며 더위를 식힌다. 다른 스님들이 계곡으로 나간 사이에도 불필스님은 오랜 도반 백졸스님과 함께 일휴스님 곁을 지켰다. 그러다 저녁 무렵, 옥류동에 올라와 다른 스님들과 함께 저녁을 먹고 잠깐 쉬고 있는데 시자가 달려왔다. 그러고는 "일휴스님께서 저녁 공양에 찰떡국을 한 술 잡수시고 두 술째 뜨다가 그대로 앉아 숨을 거두셨다"고 말했다. 불필스님은 일휴스님에 대해 이렇게 회고했다.

"장작더미에 불이 훨훨 타고, 육신은 한줌의 재가 되고, 다시 그 재를 동서남북으로 뿌리니, 사람의 한 생이 너무나 허무하게 여겨졌습니다. 사십구일재날 별당 앞 연못의 물이 황금빛으로 변하고 사십구일재를 보러 오는 스님네들이 보니 가지산에 비가 오지도 않았는데 무지개가 섰다면서 서광瑞光이라고 했습니다. 오전 10시 무렵 무지개가 연못에 뿌리를 내리니 연못이 황금빛으로 보인 것 같았습니다. 그 후 일타스님께서 이 이야기를 들으시더니 근래에 보기 드문 일이

라고 하셨습니다. 언제나 자기 생활에 철저하게 살았기 때문에 늦게
출가하셨어도 훌륭하게 살아가신 분이라고 기억됩니다."

(2권 계속)